中华精神家园

千秋教化

官学盛况

国子监与学宫的教育

肖东发 主编 董 胜 编著

中国出版集团

现代出版社

图书在版编目（CIP）数据

官学盛况 / 董胜编著. — 北京：现代出版社，
2014.10（2021.3重印）
　　（中华精神家园书系）
　　ISBN 978-7-5143-2997-1

　　Ⅰ. ①官… Ⅱ. ①董… Ⅲ. ①国子监－教育史－中国
－古代 Ⅳ. ①G529.2

中国版本图书馆CIP数据核字(2014)第236546号

官学盛况：国子监与学宫的教育

主　　编：肖东发
作　　者：董　胜
责任编辑：王敬一
出版发行：现代出版社
通信地址：北京市定安门外安华里504号
邮政编码：100011
电　　话：010-64267325 64245264（传真）
网　　址：www.1980xd.com
电子邮箱：xiandai@cnpitc.com.cn
印　　刷：汇昌印刷（天津）有限公司
开　　本：710mm×1000mm　1/16
印　　张：10
版　　次：2015年4月第1版　2021年3月第4次印刷
书　　号：ISBN 978-7-5143-2997-1
定　　价：29.80元

党的十八大报告指出："文化是民族的血脉，是人民的精神家园。全面建成小康社会，实现中华民族伟大复兴，必须推动社会主义文化大发展大繁荣，兴起社会主义文化建设新高潮，提高国家文化软实力，发挥文化引领风尚、教育人民、服务社会、推动发展的作用。"

我国经过改革开放的历程，推进了民族振兴、国家富强、人民幸福的中国梦，推进了伟大复兴的历史进程。文化是立国之根，实现中国梦也是我国文化实现伟大复兴的过程，并最终体现为文化的发展繁荣。习近平指出，博大精深的中国优秀传统文化是我们在世界文化激荡中站稳脚跟的根基。中华文化源远流长，积淀着中华民族最深层的精神追求，代表着中华民族独特的精神标识，为中华民族生生不息、发展壮大提供了丰厚滋养。我们要认识中华文化的独特创造、价值理念、鲜明特色，增强文化自信和价值自信。

如今，我们正处在改革开放攻坚和经济发展的转型时期，面对世界各国形形色色的文化现象，面对各种眼花缭乱的现代传媒，我们要坚持文化自信、古为今用、洋为中用、推陈出新，有鉴别地加以对待，有扬弃地予以继承，传承和升华中华优秀传统文化，发展中国特色社会主义文化，增强国家文化软实力。

浩浩历史长河，熊熊文明薪火，中华文化源远流长，滚滚黄河、滔滔长江，是最直接的源头，这两大文化浪涛经过千百年冲刷洗礼和不断交流、融合以及沉淀，最终形成了求同存异、兼收并蓄的辉煌灿烂的中华文明，也是世界上唯一绵延不绝而从没中断的古老文化，并始终充满了生机与活力。

中华文化曾是东方文化摇篮，也是推动世界文明不断前行的动力之一。早在500年前，中华文化的四大发明催生了欧洲文艺复兴运动和地理大发现。中国四大发明先后传到西方，对于促进西方工业社会的形成和发展，曾起到了重要作用。

　　中华文化的力量，已经深深熔铸到我们的生命力、创造力和凝聚力中，是我们民族的基因。中华民族的精神，也已深深植根于绵延数千年的优秀文化传统之中，是我们的精神家园。

　　总之，中华文化博大精深，是中国各族人民五千年来创造、传承下来的物质文明和精神文明的总和，其内容包罗万象，浩若星汉，具有很强的文化纵深，蕴含丰富宝藏。我们要实现中华文化伟大复兴，首先要站在传统文化前沿，薪火相传，一脉相承，弘扬和发展五千年来优秀的、光明的、先进的、科学的、文明的和自豪的文化现象，融合古今中外一切文化精华，构建具有中国特色的现代民族文化，向世界和未来展示中华民族的文化力量、文化价值、文化形态与文化风采。

　　为此，在有关专家指导下，我们收集整理了大量古今资料和最新研究成果，特别编撰了本套大型书系。主要包括独具特色的语言文字、浩如烟海的文化典籍、名扬世界的科技工艺、异彩纷呈的文学艺术、充满智慧的中国哲学、完备而深刻的伦理道德、古风古韵的建筑遗存、深具内涵的自然名胜、悠久传承的历史文明，还有各具特色又相互交融的地域文化和民族文化等，充分显示了中华民族的厚重文化底蕴和强大民族凝聚力，具有极强的系统性、广博性和规模性。

　　本套书系的特点是全景展现，纵横捭阖，内容采取讲故事的方式进行叙述，语言通俗，明白晓畅，图文并茂，形象直观，古风古韵，格调高雅，具有很强的可读性、欣赏性、知识性和延伸性，能够让广大读者全面接触和感受中国文化的丰富内涵，增强中华儿女民族自尊心和文化自豪感，并能很好继承和弘扬中国文化，创造未来中国特色的先进民族文化。

2014年4月18日

最高学府——北京国子监

成贤之路——南京国子监

天下书声——历代学宫

遍地儒学——广东学宫

北京国子监

从元成宗继位开始，北京开始设立大都庙学和国子监。北京国子监始建于元代大德十年（1302年左右），是当时我国官方的最高学府，也是元、明、清三代国家管理教育的最高行政机关。

北京国子监坐落在北京东城区安定门内国子监街，街两侧槐荫夹道，大街东西两端和国子监大门两侧牌楼彩绘，是北京仅存的建有四座牌坊的古建街。国子监整体建筑坐北朝南，中轴线上分布着集贤门、太学门、琉璃牌坊、辟雍、彝伦堂、敬一亭。东西两侧有四厅六堂，构成传统的对称格局，是我国现存的古代中央公办大学建筑。

元代创建北京孔庙和国子监

那是在1222年，元太宗窝阔台的重臣王檝向窝阔台建议，待灭金计划取得胜利后，就把金国都城中都城南的枢密院旧址改建成孔庙，以便春、秋两季能有地方举行释奠礼，元太宗同意了王檝的建议。

元太宗窝阔台画像

1234年，元军攻灭金国，王檝又向太宗窝阔台提出这一想法，并同时建议在建孔庙时设立国子学，这一次又获元太宗准许。

1266年，元世祖忽必烈登基即位，立刻命令开始兴建元代新都，建都地点就选在金国中都故地，并命大臣刘秉忠负责新都的整体规划。

当时的燕京之地刚刚从

战火中平定下来，刘秉忠可以说是元大都的主要设计者。从那时起，北京的孔庙和国子监就有了确切的规划位置。

刘秉忠规划好的大都，由于种种原因，在忽必烈一朝没有动工修建，大都的孔庙和国子监也是在30多年后元成宗铁穆尔继位时才开始兴建的。

1299年，元成宗的左丞相哈喇哈斯奏请元成宗筹建大都孔庙，庙内设学馆，选拔名儒做教员，让近臣子弟入学，这就是元代的"庙学"。元成宗同意了这一奏请。经过3年筹备，1302年6月，在哈喇哈斯的直接督促和指挥下，修建孔庙的工程在北京正式动工。

在建设孔庙的工程中，有一位汉族官员发挥了至关重要的组织管理作用，他就是贾驯。修建孔庙时贾驯位任工部奉正大夫，他"入理曹务，出营庙事"，不管风吹雨打还是烈日寒风，他始终坚守在孔庙工程现场，亲自组织指挥，具体到涂墙墁地、砍削梁材，他都亲自谋划、指点。1306年8月，京师孔庙终于在忽必烈时期刘秉忠规划的位置上建成。

在修建京师孔庙的同时，御史中丞何玮对元成宗提议，希望按照"左庙右学"的传统规制，在孔庙的西边营建国子监。元成宗欣然同意。

■刘秉忠画像

枢密院 我国古代中央机构。唐、五代、宋、辽、元等朝代均设，长官称枢密使，主要掌管军政，凡侍卫诸班直、内外禁兵招募、阅试、迁补、屯戍、赏罚之事皆掌。元代枢密院主要掌军事机密、边防及宫廷禁卫等事务；战争时设行枢密院，掌一方军政。明清废。

■元成宗雕像

1306年正月，京师孔庙竣工前7个月，营建国子监的浩大工程也正式开工。到元武宗海山继位时的1308年，北京国子监终于建成。

元王朝从1266年刘秉忠设定北京孔庙和国子监位置到最后的完全建成，历经元世祖、元成宗、元武宗三朝42年的时间。

元代北京孔庙的建筑形制是参照当时山东曲阜孔庙而建成的，后经历代多次重修，成为了元、明、清三代京城祭孔之所在，但整体建筑仍保留了元代的风格。

北京孔庙由三进院落组成，以大成殿为中心，"大成"取"孔子之谓集大成"之意。中轴线由南向北依次为先师门、大成门、大成殿、崇圣门和崇圣祠，大成殿为主体建筑，建筑规模仅次于山东曲阜的孔庙。

先师门又称棂星门，是孔庙的大门，面阔3间，进深7檩，单檐歇山顶式建筑结构，先师门两侧连接庙宇的外围墙，犹如一座城门。

先师门之后便是大成门。大成门后来在清代重修为面阔5间，进深9檩，单檐歇山顶。整座建筑坐落在高大的砖石台基上，中间的御路石上浮雕有海水龙纹的图样，其中五龙戏珠，栩栩如生。

歇山顶 即歇山式屋顶，宋朝称九脊殿、曹殿或厦两头造，清代改今称，又名九脊顶，为我国古建筑屋顶样式之一，在规格上仅次于庑殿顶。歇山顶共有9条屋脊，即1条正脊、4条垂脊和4条戗脊，因此又称九脊顶。

大成门前廊两侧摆放着10枚石鼓，每枚石鼓的鼓面上都篆刻一首上古游猎诗，是仿周宣王时的石鼓遗物而刻制的。

孔庙的第一进院落是皇帝祭拜孔子之前筹备各项事宜的场所，东侧设有宰牲亭、井亭和神厨，用于准备祭孔时所需三牲的宰杀、清洗和烹制。两侧有神库、致斋，用来存放祭孔的礼器和供品的备制。

在第一进院落的御路两侧立有198座高大的进士题名碑。其中元代所刻3通，明代所刻77通，清代所刻118通，记载了元、明、清三代各科进士的姓名、籍贯和名次，共计51624人。

孔庙的第二进院落是孔庙的中心院落，每逢祭孔大典，这里便钟鼓齐鸣，乐舞升平。大成殿是第二进院落的主体建筑，也是整座孔庙的中心建筑，是孔庙内最神圣的殿堂。

礼器 我国古代贵族在举行祭祀、宴飨、征伐及丧葬等礼仪活动中所使用的器物，用来表明使用者的身份、等级与权力的。礼器是在原始社会晚期随着氏族贵族的出现而产生的。商周时期，礼器成为"礼治"的象征，用以调节王权内部的秩序，从而维护社会稳定。

■北京孔庙先师门

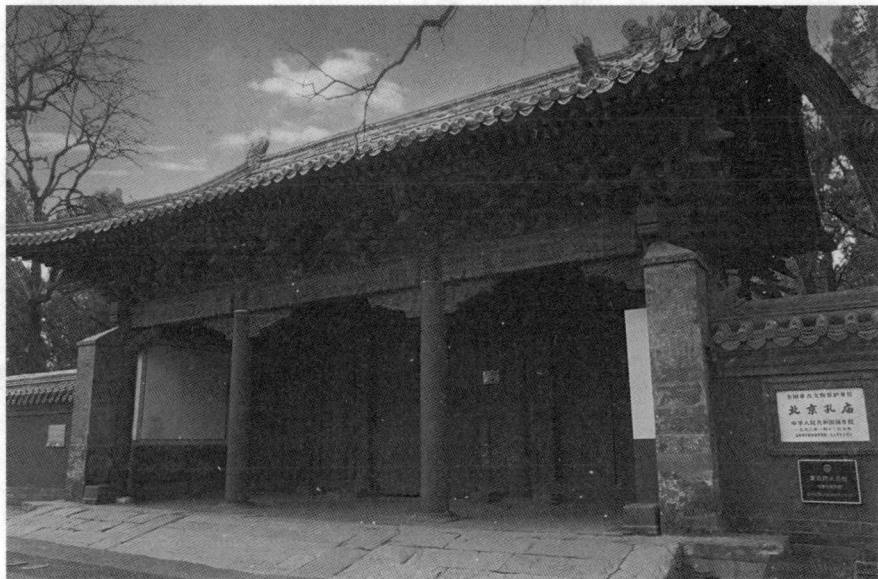

家庙 也叫祖庙，即家族为祖先立的庙。庙中供奉神位等，依时祭祀。古时有官爵者才能建家庙，作为祭祀祖先的场所。上古叫宗庙，唐代始创私庙，宋时改为家庙。相比之下，祠堂是供设祖先的神主牌位，举行祭祖活动的场所，又是从事家族宣传、执行族规家法、议事宴饮的地方。

大成殿殿内全部采用金砖铺地，是我国封建社会中最高等级的建筑，堪与后来的故宫太和殿相媲美。殿内正中设有"大成至圣文宣王"孔子牌位，以及一套清代的乐器和祭器，包括编钟、编磬、琴、瑟、笾、豆、登和爵等。

孔子牌位两边设有配享牌位，复圣颜回、述圣孔伋、宗圣曾参、亚圣孟轲被称为"四配"。

殿内东边分列的儒学名人有闵损、冉雍、端木赐、仲由、卜商和有若，西边分立的儒学名人有冉耕、宰予、冉求、言偃、颛孙师和朱嘉共12人的牌位，这12人被称为儒学中的"十二哲"。

大殿内外悬有清康熙至清宣统之间的9位皇帝御匾，均是皇帝亲书的对孔子的四字赞语，十分珍贵。

孔庙的第三进院落最具特色，由崇圣门、崇圣殿和东西配殿组成独立完整的院落，与前二进院落分割

■ 北京孔庙大成殿

明显却又过渡自然，反映出古人在建筑布局上的巧妙构思。这组建筑称为崇圣祠，是祭祀孔子五代先祖的家庙，后来重修时将灰瓦顶改为绿琉璃瓦顶。

■ 北京孔庙大成殿殿内

崇圣殿又称五代祠，面阔5间，进深7檩，殿前建有宽大的月台，月台三面建有垂带踏步各10级。殿内供奉孔子五代先人的牌位以及配享的颜回、孔伋、曾参和孟轲4位先哲之父的牌位。

东西配殿坐落在砖石台基上，面阔3间，进深5檩，为单檐悬山式顶，内奉程颐、程颢、张载、蔡沈、周敦颐和朱熹6位先儒之父的牌位。

三进院落及其建筑具有明确的建筑等级差别和功能区域划分，和谐统一地组成了一整套皇家祭祀性建筑群落，是我国古代建筑的杰出代表。

元代北京国子监坐落在北京东城区安定门内国子监街15号，与孔庙相邻。经过元代以后的建设，成为

牌位 又称灵牌、灵位、神主、神位等，是指书写逝者姓名、称谓或书写神仙、佛道、祖师、帝王的名号、封号、庙号等内容，以供人们祭奠的木牌。牌位大小形制无定例，一般用木板制作，呈长方形，下设底座，以便立于桌案上。古往今来，民间广泛使用牌位，用于祭奠已故亲人和神祇、佛道、祖师等。

■ 北京国子监集贤门

攒尖顶 就是攒尖式屋顶，它是我国古代建筑的一种屋顶样式。其特点是屋顶为锥形，没有正脊，顶部集中于一点，即宝。按形状可分为角式攒尖和圆形攒尖，其中角式攒尖顶有同其角数相同的垂脊，有四角、六角、八角等式样。圆形攒尖则没有垂脊，尖顶由竹节瓦逐渐收小。

了元、明、清三代国家最高学府及教育行政管理机构，是我国现存唯一的古代中央公办大学建筑。

国子监整体建筑坐北朝南，中轴线上分布着集贤门、太学门、琉璃牌坊、辟雍及两侧的六堂、彝伦堂、敬一亭，构成传统的对称格局。

集贤门是国子监的大门，门内院子东西设有井亭，东侧的持敬门与孔庙相通。

太学门是国子监的第二门，进入后就是国子监的第二进院落。里面有琉璃牌坊，辟雍和彝伦堂。

琉璃牌坊是3间四柱七楼庑殿顶式琉璃牌坊，建于清乾隆时期的1783年。横额正反两面均为皇帝御题，正面额书"圜桥教泽"，阴面为"学海节观"，彩画华美，是我国古代崇文重教的象征，也是北京唯一不属于寺院的琉璃牌坊，是专门为教育而设立的。

辟雍建于清1784年，是国子监的中心建筑。建于中轴线中心一座圆形水池中央的四方高台上，是一座重檐攒尖顶殿宇。四面开门，设台阶6级。辟雍周围环绕着长廊，四面架设精致的小桥横跨水池，使殿宇与院落相通，这种建筑形制象征着"天圆地方"。清代乾隆皇帝之后，每逢新帝即位，都要来此做一次讲学，以示中央政府对高等教育的重视。

六堂是位于辟雍左右两侧的33间房，合称为六堂，分别为率性堂、诚心堂、崇志堂、修道堂、正义堂、广业堂，是国子监学生贡生和监生的教室。

彝伦堂位于辟雍以北，元代名为崇文阁，明代永乐年间予以重建并改名为彝伦堂。早年曾是皇帝讲学之处，兴建辟雍之后，则改为监内的藏书处。

敬一亭位于在彝伦堂之后，是国子监的第三进院落。建于明嘉靖年间的1528年，设有祭酒厢房、司业厢房和7座御制圣谕碑，是国子监祭酒办公的场所。

国子监祭酒 为宋朝中央政府官职之一，宋神宗元丰改制后始创，为国子监最高负责人，地位等同于国立大学校长，多由宰相兼领。主掌国子、太学、武学、律学、小学的政令，以及课试、升黜、教导之事，同时也负责替学官打考绩。明、清时为中央政府官职之一，但品等仅为从四品。其上为监事大臣，辖下有监丞等辅佐官职。清朝灭亡后，该官职废除。

■ 北京国子监辟雍

■北京孔庙大成殿殿内

值得一提的是，在国子监与孔庙的夹道内，还珍藏有190通"十三经"刻石碑，这些石经内容包括13部儒家经典，即《周易》《尚书》《诗经》《周礼》《仪礼》《礼记》《春秋左传》《春秋公羊传》《春秋穀梁传》《论语》《孝经》《孟子》《尔雅》，计63万多字，为我国仅存的一部最完整的"十三经"刻石。这些石刻经书刻于清代乾隆年间，故又有"乾隆石经"之称。

阅读链接

北京孔庙大成殿前有一株"复苏槐"，高约15米，由两棵主干组成，周长分别为2.6米和2.5米，似一对孪生兄弟并肩而立，向人们展示着独特的风采。据记载，这棵槐树种植于元代，是元代第一任祭酒许衡所种植，但是人们为什么叫它"复苏槐"呢？

相传在明末的时候，这棵槐树就已经枯死了，但是到清乾隆年间，枝干上又忽然萌发出了许多新芽，最终枯而复荣。国子监的师生们发现后，纷纷称奇并相互传颂，当时正值乾隆生母慈宁太后的六十寿辰，人们就认为这是一种吉祥的征兆，所以命名为复苏槐。

元代北京中央官学的就学

元代北京中央官学是指元代执政者为官员子弟创办的学校，集中在国子监。当时创办的学校有蒙古国子学、汉文国子监学和回回国子监学，这些学校为元王朝培养了大批人才。

蒙古国子学开始于1271年正月，元世祖忽必烈下诏立京师蒙古国子学，教习诸生，在随朝的蒙古、汉人及怯薛军官员中选子弟俊秀者入学。待生员习见成效，出题试问，观其所对精通者，量授官职。

■元代拜师蜡像

元成宗时，开始增加生员的膳食津贴，元武宗时，又定伴读员40人，以在籍生员学问优长者补之。

■ 忽必烈画像

色目人 即外国人，是元时对我国西部民族的统称，也是元人民的四种位阶之一，一切非蒙古、汉人、南人的都算是色目人。包括粟特人、吐蕃人等。传统的说法认为，在元代的社会阶层之中，色目人的地位在蒙古人之下，汉人和南人之上。元王朝重用色目人，入居中原的色目人，多高官大贾。

元代还在今内蒙古自治区锡林郭勒盟正蓝旗境内的上都设立了蒙古国子分学。其授课时间与皇帝巡幸上都的时间基本一致，其余时间都在大都上课。

从总体上说，元代的蒙古国子学呈现了发展的态势，生员的数量最高曾经达400多人。生员当中，庶民子弟也占一定的比例。同时，蒙古国子学中配有博士、助教、教授、学正、学录、典给、典书等师儒之职，各员不等。

1277年，元政府设立蒙古国子监，置司业1员。1292年，准汉人国学例，置祭酒、司业、监丞。以后又增设令史1人，必阇赤1人，知印1人。

国子学或国子监，都是我国古代封建社会的教育管理机关和最高学府，都具备了两种功能，一是国家管理机关的功能，二是国家最高学府的功能。所不同的是，"国子学"是传授知识，指向教育和最高学府的功能；"国子监"是督查监管，指向国家教育管理的功能。

元代蒙古国子监既是管理机构，也是教学机构，它和蒙古国子学一道为元政府培养了众多的蒙古族人。汉文国子监学是元政府于1269年设立的，应该说，这所学校是蒙古执政者实施汉法的产物。

1270年，元政府命蒙古人、汉人、色目人、南人的子弟11人入学，长者4人从许衡，童子7人从王恂。1287立国子学，而定其制。

国子监学所配置的师儒之职与蒙古国子学大同小异。讲授的主要内容是，先学《孝经》《小学》《论语》《孟子》《大学》《中庸》，接下来学《诗经》《尚书》《礼记》《周礼》《春秋》《周易》。

元世祖时期定国子学生员之数为200人，先令100人及伴读20人入学。其百人之内，蒙古族人半之，色目、汉人半之。1311年7月，定生员额300。在300人当中，蒙古族生员所占的比重也是比较大的。

至元初年还设置了隶属于集贤院的汉文国子监，选七品以上朝官子孙为国子监生员，随朝三品以上官员可以举荐俊秀的平民子弟入学，成为陪堂生伴读。因此，汉文国子监是蒙古族生员学习汉族文化的一个主要场所。

当时，著名理学家许衡被延请到国子学执教，成

南人 *元世祖忽必烈统一全国后，把全国人民按照被征服的顺序划分为四等人，依次为蒙古人、色目人、汉人和南人。南人指原南宋统治下的汉人以及当地各土著民族人民，一般指淮河以南的原南宋境内的人民。由于被征服的时间最晚，他们地位最低，最受压迫和歧视。*

■ 元代考生蜡像

尚书省 官僚机构。南朝宋时得名，前身为"尚书台"。由汉代皇帝的秘书机关尚书发展而来。是魏晋至宋的中央最高政令机构，为中央政府最高权力机构之一。辽、金有尚书省，与宋制相同。元代尚书省时置时废。

为元代第一任国子祭酒。其后还有虞集、欧阳玄、苏天爵、张翥等。

国子监宣扬程朱理学，用儒家义理派的主张培养人才，这些人学成后逐步进入元政府各级机构，自然会对当时的政策产生重大影响。

回回国子监学设置于1289年。这年4月，尚书省的臣员进言说：

> 亦思替非文字宜施于用。今翰林院益福的哈鲁丁能通其字学。乞授以学士之职，凡公卿大夫与夫富民之子，皆依汉人入学之制，日肄习之。

翰林院的哈鲁丁是回回学者，是熟悉亦思替非文字的人。亦思替非文字是古代伊朗人所创造的一种特有的文字符号系统及计算方法，用以书写国王及政府有关财务税收，清算单据，税务文书等。阿拉伯哈里发帝国兴起后继续用这种文字以管理和书写有关财务税收事项，是一种具有保密性又便于统计数目的文字。

亦思替非文字不是一般的波斯文或阿拉伯文，而是一种专门学问，其中有较为精密的数学统计方法。翰林院益福的哈鲁丁掌

■许衡画像

■元仁宗（1285年—1320年），全名，孛儿只斤·爱育黎拔力八达，元朝第四位皇帝，蒙古帝国可汗，是元武宗弟，元武宗封他为皇太弟，相约兄终弟及，叔侄相传。于武宗死时嗣位，年号皇庆和延祐。在位期间，减裁冗员，整顿朝政，推行"以儒治国"政策。

握了这种学问，也可算是"绝学"了。朝廷采纳了尚书省的这个意见，在1289年8月设置了回回国子学。元仁宗执政时，朝廷又设置回回国子监。回回国子监管辖回回国子学。

在回回国子学中，教师们用正规的办法训练通晓亦思替非文、波斯文和阿拉伯文的翻译人才。元政府让相当一部分蒙古族儿童在回回国子学就读，目的是培养诸官衙口的翻译人才。

元代建立的回回国子学是一所外国语学校，它是蒙古族教育史，乃至我国教育史上最早建立的一所外国语学校。我国至今使用的阿拉伯数字，就是元代时期来华穆斯林带来的。

阅读链接

元大都有一条国子监街，位于现在的北京安定门内大街路东，是元世祖忽必烈于1286年修建的。街道中段的两座牌坊题名为"国子监"，实为太学标志。元世祖忽必烈在1274年进驻大都以前，太学设在大都城西南方的金中都城枢密院旧址，首任祭酒是学者许衡。

有趣的是，元代太学的放学时间，居然以日影转到后院为准。崇文阁前有一株古槐，相传是元代首任祭酒许衡手植，史载"国学古槐一株，元臣许衡所植"。枯萎多年以后，曾于1751年发芽重生。

明代北京国子监及其管理

明代北京国子监，是在1420年明成祖朱棣从南京迁都北京后改定的元大都国子监，于是明代国学有南北两监之分。南京国子监被称为"南监"或"南雍"，北京国子监则称为"北监"或"北雍"。

北京国子监还曾吸收了明代中都国子学的生员。1375年，明朝廷

北京国子监

于凤阳设置中都国子学，当时与南京国子监、北京国子监并存，但当时中都国子学选收的学生，均为南京国子学考试优选之后的生员。至明成祖迁都北京后，朝廷罢中都国子监，将其师生并入北京国子监。

北京国子监读书场景石雕

明代北京国子监的教职设有祭酒、司业及监丞、博士、助教、学正等，由学行卓异的名儒充当。学生称为监生或太学生。

明代国子监学生的来源大致有贡监、举监、荫监和例监的区别。贡监是由地方府、州、县儒学按计划选送在学生员贡国子监的学生；举监是会试落第举人直接入监的读书者；荫监是以荫袭而入监的国子监学生；例监是捐资财入监读书者。

按出身看，北京国子监学生又有民生和官生之分。民生是国子监出身庶民的学生，而官生是国子监学生中以恩荫入监的品官子弟。总之，由于资格、来源的不同，虽然都是国子监学生，称谓却很不相同。

明代北京国子监学生到1393年增加到8000多名，到1422年已增加到9900多名，可谓盛极一时。明朱武

学正 为古代文官官职名。宋国子监置学正与学录，掌执行学规，考校训导。元除国子监外，礼部及行省、宣卫司任命的路、州、县学官亦称学正。清州学官亦称学正。学正为基层官员编制之一，配置于国子监，而从事业务则相当于官学中的老师或行政人员。清朝灭亡后，该官废除。

宗以后学生只剩千余人。至明景泰、弘治之际，学生"奸惰"，教师"失职"，课业乃废。

明景泰以后，出现了用钱买国子监入学资格的"例监"现象，与明初太学相比，已是有名无实。因此，明代政府规定，必须入国学者才可当官，不入者不能得，参加科举考试的必须由学校出身，即所谓科举必由学校，而学校起家不必由科举。

在我国封建社会，为了培养"文武之才"，使国子监学生"能出入将相，安定社稷"，历代都规定"五经"或"四书"作为国子监的主要教材。明代也不例外。

明代北京国子监具体对学生课以名体达用之学，以孝悌、礼义、忠信、廉耻为之本，课程以《易》《诗》《书》《春秋》《礼记》等经典为专业教材，人习一经；以《大学》《中庸》《论语》《孟子》为普通基础课。此外，还涉及刘向《说苑》及《御制大诰》《大明律令》等时政文献。此外，生员还要学习书法。

朝廷对国子监的管理很严格，颁行了各种管理制度，包括考试升

国子监学生雕塑

■考场巡检图

降制度、历练政事制度和放假制度等。国子监监生可以在监内寄宿，而且还发给灯火，供给膳食，享有免役的权利。

明代洪武和永乐年间，北京国子监还接受邻邦高丽、日本、暹罗等国的留学生。

明代国子监教育管理机构及其管理，在培养文武官吏，造就各种专门人才，繁荣我国古代学术文化，纳育各国留学生，促进中外文化交流乃至传承中华民族悠久历史文化等方面，都起到了积极的作用。

阅读链接

明王朝的第一位皇帝是朱元璋，是一位注重教育的皇帝。他办了许多学校，不仅有中央级别的国子监以及地方的府州县学，甚至还诏令设立社学，也就是乡村小学。

朱元璋还注重教育自己的孩子，帮助孩子选择一些内容健康、情调高雅的课外读物，以保证孩子接受正面教育。此外，他还经常为太子朱标进行艰苦创业和勤俭守成的教育，让他接触实际，带他到农民家中，详细观察农民的衣食住行，了解百姓的生活、生产情况，以达到"察民性好恶以知风俗美恶"的教育目的。

清代北京国子监及其管理

　　清代初年，修整明北京国子监为太学，裁掉南京国子监，改为江宁府学。清代北京国子监是全国最高学府。

　　清代北京国子监设祭酒满族、汉族各1人，司业满族、蒙古族、汉

■清代国子监监生领米图

■清代监生考试图

族各1人，职在总理监务、执掌教令。博士满族、汉族各1人，助教满族16人、蒙古族8人、汉族6人，学正汉族4人，学录汉族2人，职在教诲。典簿满族、汉族各1人，掌文牍事务。

　　国子监的生徒，来源很多，共分两大类。一为贡生，一为监生。贡生有岁贡、恩贡、拔贡、优贡、副贡、例贡这"六贡"，监生有恩监、荫监、优监、例监这"四监"。

　　岁贡，有地方贡于国家之意。府、州、县学按照规定的时限与数额，将屡经科考、食廪年深的生员，依次升贡到国子监。

　　1645年，清政府命中央直属各省起送贡生，府学每年1人，州学3年2人，县学2年1人。各地贡生到京后，要进行廷试。时间是每年五月十五日，后改为四月十五日。如有滥充者，即发回原学。一省发现5名

食廪 明清两代食公家膳食的生员。又称廪膳生。明初生员有定额，后名额增多，因谓初设食廪者为廪膳生员，省称"廪生"，增多者谓之"增生"。又于额外增取，附于诸生之末，谓之"附生"。后凡初入学者皆谓之附生，其岁、科两试等第高者可补为增生、廪生。廪生中食廪年深者可充岁贡。清制略同。

■ 清代国子监监生
考试蜡像

顺天府 明清两代北京地区称为顺天府，顺天府的辖区在清初多有变化，1743年开始固定，共领5州19县。19县即通、蓟、涿、霸、昌平五州和大兴、宛平、良乡、房山、东安、固安、永清、保定、大城、文安、武清、香河、宝坻、宁河、三河、平谷、顺义、密云、怀柔，又混称为顺天府24州县。

以上，学政要被罚俸。

恩贡，是岁贡在特殊情况下的改称。清沿明制，每当赶上国家有庆典或皇帝登极，便颁布恩，以当年的岁贡生充恩贡。

拔贡是常贡之外所行的选贡之法。各地儒学生员，经过考选，凡学行兼优、年富力强、累试优等者，得以充拔贡。

清顺治时的1644年，首举选贡。顺天府特贡6人，每府学贡2人，州、县学各贡1人。当时为6年考选一次，乾隆时改为12年一次。

优贡，类同拔贡，每3年考选一次，举送的次数比拔贡多。

副贡，各省乡试除录取正卷外，另取若干名为副榜。大凡中副榜者，可以作为贡监，入国子监肄业，称副贡。

读书士子除了参加科举考试者外，由此而入仕途的，亦谓之正途。五贡就任官职，按科分名次和年分先后，恩、拔、优、副贡多以教谕选用，岁贡多以训导选用。但在具体实行中，常有变动。

在五贡之外，还有例贡。凡是儒学中的廪生、增生、附生，按政府规定报捐为贡生的，称为例贡。这是当时由捐纳入官的必由之路，由于是出资捐买而得，很为一般人所蔑视。

例贡或在监肄业，或在籍，均可称为国子监监生。乾隆年间议准，例贡如果志在由正途入仕，准其辞掉例贡头衔，以原来的身份参加科举考试。

在贡生之外，还有监生，包括恩监、荫监、优监和例监。

恩监，清乾隆年间开始实行，主要是选拔和照顾一些资历、身份较特殊的士子，恩准入监肄业。清乾隆时的1737年，准八旗汉文官学生应讲求经史，每3年奏请钦点大臣考试，优者拔作监生，与汉贡监等一体肄业。

1786年规定，凡陪祀孔庙的圣贤后裔，本人是武生俊秀及无功名顶戴的俊秀，均恩准做监生。另外，八旗算学生、汉算学生、钦天监天文生均准考恩监。

荫监，又分恩荫和难荫两种。恩荫是按内外文武官员品级，荫子入监。

■清代学生行礼图

骁骑校 清王朝最初的政权后金，于1634年称定固山额真即都统行营马兵为阿礼哈超哈，后改称骁骑营。官员有佐领，下设骁骑校，每佐领一人，正六品。骁骑营是受各旗都统直接统率的部队，佐领与骁骑校为直接受都统与副都统、参领管辖的军官。

1645年，定文官中京官四品、外官三品以上，武官二品以上，可送一子入监。1646年，定满、汉三品以上官员，3年任满，勤于国事而死者，可荫一子入监。从1713年开始，宗室亦给荫入监。

清雍正以后，特别体恤军功死难者。凡八旗武职立功身故，无论功绩大小，是官员的，给七品监生1人；是护军校、骁骑校的，给八品监生1人，均于子弟内补充。

1739年规定，八旗武职立功病故，所给的监生，按立功等第定监生品级。一二等军功，给该员子弟监生1人，食七品官俸；三四等军功，给该员子弟监生1人，食八品官俸；五等军功，给该员子弟监生1人，照捐纳监生例，准其应乡会试。

优监，与优贡雷同，唯入监条件略有降低。1733年规定，在地方儒学为附生及武生的，可以选为优监生。

■清代国子监教学蜡像

■清代国子监教学场景复原

例监，与例贡雷同，但条件更放宽。凡未取得生员资格的读书士子，即俊秀，可以通过捐纳而取得监生资格，称例监。

贡监生入太学后，依次到六堂研习。六堂分为3级：正义、崇志、广业堂为初级，修道、诚心堂为中级，率性堂为高级，根据学习成绩递升。

国子监的监生，又分为内、外两班。内班是住在监内的，有膏火之资。外班则散居监外各地，无膏火。外班补内班，要经过考试。内班贡监生的告假等事项，都要按严格的规定办理。

清初，内班共有监生150名，每堂25名，外班120名，每堂20名。清乾隆初年，改内班每堂为30名，这样内、外班共300名，既而又裁减外班120名，拨年班24名为外班生。

国子监授课和考试的办法是：每月初一、十五日师生向孔子行祭奠礼毕，听助教或学正、学录讲解经书，然后覆讲、上书、覆背，每月3回，周而复始。

所习内容为"四书""五经"等，还有兼学习"三经"和"二十一史"的。每人每日要摹名帖数百字，并立日课册，按期交助教等查验。

每月十五日，祭酒、司业轮换考课四书文1篇，诗1首，称大课。一般是司业月考，祭酒季考。另外，每月初一日，在博士厅课经文、经解和策论。每月初三及十八日，助教、学正和学录还要分别主持考课，试四书文、经文和诗策等。

监生坐监的期限，始初各种贡监生并不一样。恩贡、由廪生出身的副贡，时间最短，为6个月。其他有8个月、14个月、24个月的。例监最长，为36个月。1727年规定，各监生肄业，均以3年为期。修业期满后，可应吏部铨选，以教谕、训导等选用。

清代还给国子监学生制定了严格的学规。顺治初年颁布国子监学规18条，康熙年间又以"圣谕"的方式颁布《圣谕十六条》。雍正时期又将《圣谕十六条》修订为《圣谕广训》，用以约束学生，并规定每月初一、十五必须将国子监学生集中在一起，由教官宣读。

雍正时期的16条国子监学规基本内容是：

清代北京国子监考试题目

敦孝悌以重人伦；笃宗族以昭雍睦；和乡党以息争讼；重农桑以足衣食；尚节俭以惜财用；隆学校以端士习；黜异端以崇正学；讲法律以儆愚顽；明礼让以厚风俗；务正本以定民心；训子弟以禁非为；息诬告以全善良；戒逃匿以免株连；完钱粮以省催科；联保甲以弭盗贼；解仇忿以重生命。

这些内容在当时的条件下是以特定的封建礼教、法制纲常为内涵的。这个学规具有一般学规的共同特点，如道德人伦、勤劳节俭、和睦友爱、端正风气、遵纪守法等。

阅读链接

清代诸帝对国子监非常重视。清顺治帝是清入关后的第一位皇帝，他于1652年亲自视察国子监，以后历代相沿，称为"临雍讲学"。清康熙皇帝、雍正皇帝、乾隆皇帝都很关注国子监的教育，乾隆皇帝于1785年亲临辟雍时，举行了隆重盛大的讲学典礼，其临雍之仪、讲学之礼历代相沿，成为定制。

不仅如此，清代皇帝还为国子监开列条教规，如康熙皇帝为官学作《御制学校论》、雍正皇帝修正《圣谕广训》等。

清代王懿荣三任国子祭酒

清道光年间的1845年，在山东福山古现镇东村一个王姓家里，一个男孩出生了。男孩的父母给他起名叫王懿荣，字正孺，又字廉生、莲生。

王懿荣出生的福山是一座美丽富庶的古城，古称"福地"，有"银福山"之称。这里依山傍海，物产丰富，气候温和，四季分明，风光秀丽，环境宜人。福山人杰地灵，被誉为"文化之邦，诗书世泽"。

王懿荣在福山的始祖王忠原籍云南大理府云南县，明洪武年间任山东都转运盐使司下辖的登宁盐场盐课大使。王忠在福山为官几年后，喜欢上了这

王懿荣老照片

块美丽富庶且人杰地灵的"福山"，决定定居于此。王氏家族遂在此繁衍子孙，渐成为福山的名门望族。

福山王氏一家确属官宦世家，先后录取翰林6名，进士24人，举人58人，贡生58人，秀才357人，出了3任封疆大吏，被朝野誉为"天眷其后，世泽蝉联"。清代乾隆皇帝曾称：

> 父子三人俱为翰林，一门多显官，皆能办事，可谓世臣矣。

王懿荣的出生，伴随的是国家与家族，大家与小家的同时变故。在他出生前的1840年，第一次鸦片战争爆发，我国出现了前所未有的民族危机。在他出生后的1849年，他的祖父王兆琛获罪被遣戍新疆并抄没家产，福山王氏一家家道中落，从显赫的高门望族败落为困顿的穷困寒门。

翰林 皇帝的文学侍从官。翰林院从唐朝起开始设立，始为供职具有艺能人士的机构，但自唐玄宗后演变成了专门起草机密诏制的重要机构，院里任职的人称为翰林学士。明清时期改从进士中选拔。因翰林能够在南书房行走及上书房行走，多蒙优待厚遇。

■ 清代国子监彩绘图

拔贡　科举制度中由地方贡入国子监的生员之一种。清代制度，初定6年一次，清乾隆时改为12年考一次，优选者以小京官用，次选以教谕用。每府学2名，州、县学各1名，由各省学政从生员中考选，保送到京，作为拔贡。经过朝考合格，可以充任京官、知县或教职。

王懿荣幼年即遭家庭变故，但其作为文化世家的家学背景却绵延世泽，不会在旦夕之间被毁坏、阻断。就在祖父被遣的同一年，他的父亲被地方举为清道光乙酉科入国子监的拔贡，可见王家家学的延续和在福山一带的影响。

虽然家道中落，但深厚的家族文化底蕴，使王懿荣从小就接受了寒门子弟所不能有的良好家学氛围与优质启蒙教育，这为他成长为近代文化史上的一位文化巨人奠定了很好的基础。

清代同治年间的1862年，年仅18岁的王懿荣参加了第一次乡试，开始走上了科举求仕之路。但科举考试并非易事，仅乡试他就参加了8次，历经17年的努力，终于在乡试时中试，成为举人。

1894年7月16日，王懿荣接到清光绪帝的上谕，让他出任国子监祭酒。这是他第一次担任国子监祭酒之职。光绪皇帝的诏书说：

陆润庠现出试差，国子监祭酒著王懿荣署理。钦此。

陆润庠曾于清同治年间经殿试高中进士第一名，后入值南书房，迁侍读，出督山东学政，后做过御史，又擢内阁大学士，也做过溥仪皇帝的老师。诏书上说他"出试差"，即被朝廷特派去做乡试试官。光绪帝让王懿荣接替大儒陆润庠的职位做国子监祭酒，可见对王懿荣的知识和人品的器重。

王懿荣任职的国子监，位于北京安定门内雍和宫对面的成贤街，左边与孔庙相比邻，取左庙右学之意。国子监是元明清三代国家最高学府，因遍布于全国各地的府州县各级官学亦归其统领，故而也是国家最高教育管理机构。

国子监虽号称最高学府，但在科举时代，毕业生地位相对较低。若想取得功名，还须参加乡试。唯一的照顾是无论国子监生之籍贯，皆可应试于顺天府。

乡试 我国古代科举考试之一。唐宋时称"乡贡""解试"，由各地州、府主持考试本地人，一般在8月举行，故又称"秋闱"。明、清定为每三年一次，在各省省城举行，各省主考官均由皇帝钦派。中式称为"举人"，第一名称"解元"第二名称为亚元，第三、四、五名称为经魁，第六名称为亚魁。

■清代贡生考试题目

南书房 清代官署名。在北京故宫乾清宫西南乾清门西侧，是康熙帝读书处，俗称南斋。翰林入值南书房，初为文学侍从，随时应召侍读、侍讲，常侍皇帝左右，皇帝每外出时亦随，皇帝即兴作诗、发表议论等皆记注。后来常代皇帝撰拟诏令、谕旨，参与机务。

若不再考取功名，以国子监生身份入仕，则多被用做县丞，或教谕、讯导等学官，监生们除学习"四书五经"外，尚有历代典礼赋役律令、边防、天官、河渠、算法之类。

就在王懿荣任祭酒期间，我国爆发了"中日甲午战争"，任职半年中，他一面在南书房行走，一面兼署祭酒，还以忧虑的心情关注着战争的进展。1895年正月，他奏请回籍办理团练获准。

王懿荣由京起程赴登州府，大约4个月后，他接到上谕和议已定，停办团练，回京供职。他向朝廷请假两月获准，后归里省亲，一个月后再次奉上谕：

王懿荣著补授国子监祭酒。钦此。

王懿荣接到上谕之时，假期已满，于是，他由烟台起程北上，回京复命。在朝廷上，他具疏谢恩，并奏请注销钦命办理山东登州团练木质关防。

王懿荣第二次任国子监祭酒的时间并不长，前后不过半年。在此

■ 清光绪帝（1871年—1908年），清德宗爱新觉罗·载湉，清朝第十一位皇帝，在位年号"光绪"，史称"光绪帝"。他四岁登基，十八岁亲政，实际上大权掌握在慈禧太后手中。1898年，光绪帝实行"戊戌变法"，但却遭到以慈禧太后为首的保守派的反对，变法失败了。1908年，光绪帝驾崩，葬于清西陵的崇陵。

期间，光绪皇帝曾经赏赐王懿荣和张百熙御笔"福寿""荣庆"各一幅，二人具疏谢恩。

1896年2月18日，王懿荣的母亲谢太夫人因年事已高，且南北往返，劳累过度，病逝于福山，享年74岁。王懿荣在京接到讣告之后，星夜匍匐奔丧。守制期满后，他携长媳张氏及孙儿福坤回到北京。

■ 甲骨文

到了京城后，王懿荣蒙谕召见，向光绪皇帝请圣安，并奉旨仍在南书房行走。

王懿荣在内廷当值，备受皇帝与太后信任，鉴别书画、恭代御笔、进呈书籍等事经常要找他，有时一天之内要两入宫廷。

1899年7月6日，王懿荣奉上谕：补授国子监祭酒。至此，他第三次担任国子监祭酒之职。在此期间，王懿荣为国子监鞠躬尽瘁，深得后人尊敬。

王懿荣是皇家大学国子监的祭酒，又是北京城里有名的金石学家、甲骨文的发现者和爱国人士，加之他人品好，在京师学界颇有口碑。

当时北京的不少名流学士都愿意与王懿荣打交道，谁得了什么宝物，都想请他给鉴定鉴定，每每会学到不少的知识。

后来，王懿荣于1899年首先发现甲骨文，被称为"甲骨文之父"，是我国收藏鉴定甲骨文的第一人。

张百熙（1847年—1907年），字埜秋，一作冶秋，号潜斋。湖南长沙人。清末大臣，著名教育家。曾先后任山东乡试副考官、山东学政、四川乡试正考官、国子监祭酒、江西乡试正考官、都察院左都御史、工部尚书、吏部尚书、户部尚书、邮传部尚书等职。

■ 北京国子监官衙

但他还没来得及对甲骨文深入研究，便遭遇了战争。

1900年，八国联军入侵北京，王懿荣受命于危难之时，任京师团练大臣，负责保卫京城。

7月20日，侵略军攻入东便门，他率团练奋勇抵抗，寡难敌众，不愿为亡国奴，遂书绝命词：

主忧臣辱，主辱臣死。于止知其所止，此为近之。

写完后，偕家人从容投井殉国，时年55岁。王懿荣家学深厚，不负先祖厚望，博学精进，三任国子监祭酒，为国家培养了大批人才，是无愧于太学生的尊长。他作为一位伟大的爱国主义者，面对列强，奋力抗击，誓死不做亡国奴，最终以身殉难，其学术贡献与爱国节操将永世长存。

阅读链接

王懿荣是晚清著名的金石学家，《清史稿》为之立传的人物。后来由于他发现了甲骨文，引起了人们对于"甲骨学"的研究热潮，他又被人尊为"甲骨文之父"。

坊间传说王懿荣发现甲骨文的故事，很有点演绎性。说是王懿荣得了疟疾，用了许多药都不见轻。后来一位老中医给他开了一剂药方，药方上有一味叫"龙骨"的中药。他按医生的药方派人到北京老中药店达仁堂抓药，药抓回后却意外发现"龙骨"上面有很多划痕。他猜测这可能是上古之人留下的文字，于是他又买回药店的全部"龙骨"，加以细心研究，终于揭开了甲骨文之谜。

北京新式官学京师大学堂

1895年8月，康有为、梁启超等一批清代改革家在"戊戌变法"时期，在北京组织"强学会"，讨论学术，批评时政，宣传介绍西方资产阶级的社会政治学说和近代科学知识，鼓励人们学习西方，以学以致用的原则来培养人才，最终达到民族自强的目的。

"强学会"成员购置图书，收藏报刊，供群众阅览，并经常开会讲演。由于他们的宣传越来越深入人心，1896年6月，刑部左侍郎李端芬在给清政府的《请推广学校折》中，第一次正式提议设立"京师大学"。

随着变法维新运动日益发展，康有为在《应诏统筹全局

■康有为像

■ 梁启超像

孙家鼐（1827年—1909年），字燮臣，号蛰生、容卿、澹静老人，安徽寿州人。清咸丰时状元，与翁同龢同为光绪帝师。累迁内阁学士，历任工部侍，署工部，礼部、户部、吏部、刑部尚书。1898年7月3日以吏部尚书、协办大学士受命为京师大学堂首任管理学务大臣，1900年后任文渊阁大学士、学务大臣等。卒后谥曰"文正"。

折》一文中再次提出：

自京师立大学，各省立高等中学，各府县立中小学及专门学。

在康有为、梁启超的推动下，1898年初，清光绪帝命大臣孙家鼐为京师大学堂第一任管学大臣。孙家鼐在《奏筹办京师大学堂大概情形折》中，陈列了筹办京师大学堂的主要内容：

一、为举人、进士出身之京官设立仕学院，以习西学专门为主。

二、大学堂应为毕业生代筹出路，其已授职者，由管学大臣出具考语，各就所长请旨优奖；其未仕者，亦由管学大臣严核其品学，请旨录用。

三、精简学科门类，如经学、理学可合并为一门，兵学宜另设武备学堂。

四、编译局主要应编译西学各书，旧有经书仍应以"列圣所钦定者为定本"，即使非钦定本，也不得增减一字，以示尊经之意。

五、总教习可设2人，分管中学和西

学。西学教习薪水应从优。

六、应取消学生"膏火"，而改为奖赏，以激励学生努力向学。

经孙家鼐推荐，清光绪帝任命大臣许景澄为中学总教习，美国传教士丁韪良为西学总教习。

1898年6月，清光绪帝在《明定国是诏》中，要求各行省为办京师大学堂尽力。另外，他还责成梁启超起草了一份《京师大学堂章程》，这个章程是京师大学堂的第一个章程，也是我国近代高等教育的最早的学制纲要。

京师大学堂校址设在地安门内马神庙和嘉公主旧第，这里原有房340多间，又新建130多间，即后来的北大二院，又在北河沿购置房舍一所，开办译学馆，

诏 皇帝布告天下臣民的文书。在周代，君臣上下都可以用诏字。秦王政统一六国，建立君主制的国家后，号称皇帝，并改命为制，令为诏，从此诏书便成为皇帝布告臣民的专用文书。汉代承秦制，唐宋时期废止不用，元代又恢复使用。

■ 京师大学堂

即后来的北大三院。

在经费方面，当时规定京师大学堂的办学经费为30万两，常年用费为20万两。户部指定从华俄道胜银行中国政府存款500万两的利息中支付，不敷之数，由户部补足。

京师大学堂刚刚起步，却在两年后的1900年外敌入侵北京时遭到破坏，校舍被占，图书设备被毁，大学堂难以维持，于同年8月3日被下令停办。

京师大学堂于1902年12月17日恢复，藏书楼也于同年重设，吏部尚书张百熙为管学大臣，吴汝纶和辜鸿铭任正副总教习，严复和林纾分任大学堂译书局总办和副总办，各个方面开始步入正轨。

恢复后的京师大学堂先设速成、预备两科。速成科分仕学、师范两馆，学制3至4年，毕业后可任初级官吏或学堂教习。

当年9月13日正式举行速成科招生考试，10月26日又第二次招考，两次共录取182名，11月18日开学。

预备科分政科及艺科。政科包括经史、政治、法律、通商、理财；艺科包括声、光、化、农、工、医、算学。

预科学制三年，毕业后

■ 清代《京师大学堂章程》

可升入大学专门分科，并给
予举人出身资格。

此时，北京的同文馆也
并入京师大学堂。

同文馆是清政府于1862
年在总理衙门设立的。同文
馆是我国近代第一所新式高
等官办学校，后来并入了京
师大学堂，是京师大学堂最
早的组成部分。

经过一段时间的筹备，
京师大学堂正式举行了招生
考试。为做好招生工作，京
师大学堂向全国各省督抚发出了通知，要求各地给予
积极配合和支持。各地方官接到通知后，先在本地选
拔，择优录取，然后再送到北京参加全国统一考试。

京师大学堂这次首先招的是速成科。考生成绩评
定采用百分制，以60分为及格。这是我国高等学校以
60分为及格标准计算学生考试成绩的开始，这次考试
也是京师大学堂第一次举行的较正规的招生考试。本
次共录取200名学生。

1903年，清政府命"洋务派"首领张之洞会同张
百熙改定学制，对京师大学堂的章程也作了修改，出
台了《奏定大学堂章程》。

新章程规定：对京师大学堂专门分科，将原来的
7科35门改为8科46门，主要增设了经学科，下分《周

■京师同文馆大门

洋务派 清代领导
集团内部的一个政
治派别。当时一些
较为开明的官员主
张利用西方先进的
生产技术，强兵富
国，摆脱困境，维
护大清的政权。洋
务派的主要代表在
中央是以清朝末年
的恭亲王奕訢、文
祥为代表的满族官
员，在地方是以曾
国藩、李鸿章、左
宗棠、张之洞为代
表的汉族官员。

■京师大学堂总监督关防及印痕

易》《尚书》《毛诗》、"春秋三传""三礼"、《论语》《孟子》和理学11门课程，突出了经学的地位；大学院改名通儒院，年限规定为5年；大学堂设总监督，总管全学堂各分科事务，统率全学校人员，相当于后来的大学校长，受总理学务大臣之节制。

同年，京师大学堂增设进士馆、译学馆及医学实业馆。毕业生分别授给贡生、举人、进士头衔。同年改管学大臣为学务大臣，统辖全国学务。另设总监督，专管京师大学堂事宜，派张亨嘉为第一任总监督，京师大学堂遂成为单纯的高等学校。

1904年，京师大学堂选派首批47名学生出国留学。这是我国高校派遣留学生的开始。

1905年4月30日，京师大学堂举办了第一次运动会，校方特别强调开运动会的目的是培养青年"临事不辞难，事君不惜死"的精神。

京师大学堂总监督关防及印痕。
Seal and seal impression of the Rector of Peking Imperial University (now Peking University)

在这次运动会上，校方还要运动员一再高呼"皇太后圣寿无疆，皇上圣寿无疆"等口号。

1906年4月，京师大学堂举办第二次运动会，100米、200米、300米、499米、600米、800米及越栏、障碍跑，还有跳高、跳运和投掷运动，以及二人三足竞走、一脚竞走、越脊竞走、算学竞走、顶囊竞走等。

1910年，京师大学堂开办分科大学，共开办经科、法政科、文科、格致科、农科、工科、商科7科。其中经科有《诗经》《周礼》《春秋左传》；法政科有政治、法律；文科有《中国文学》《中国史学》；格致科有地质、化学；农科有农学；工科有土木、矿冶；商科有银行保险。这样，一个具有近代意义的综合性大学初具规模。

大学专门分科学制3年至4年，毕业后可升入大学院深造，并给予进士出身。

1912年，曾翻译《天演论》的严复被任命为京师大学堂总监督，接管大学堂事务。5月京师大学堂京师大学堂更名为"北京大学"，严复成为北京大学的首任校长。

自从科举制度和国子监相继取消以后，京师大学堂即成为我国唯一最高学府和最高教育管理机构，也成为科举取士制度的替代品。它继承并替代了科举制

■ 严复老照片

三礼　即是《周礼》《仪礼》和《礼记》的合称。《周礼》偏重政治制度；《仪礼》偏重行为规范；《礼记》偏重对具体礼仪的解释，论述。由这"三礼"所涉及的各种礼制的总和，也就是"礼"的全部内容。"三礼"是我国古代政治制度和礼仪制度的蓝本和百科全书。

■京师大学堂匾额

度和国子监，是古代取士制度与高等教育向现代演进的承上启下者。因此，很多学者如胡适、季羡林、冯友兰、周培源、任继愈等都认为，京师大学堂是我国自汉代太学以来国家最高学府的唯一正统继承者，甚至它的历史可以因此上溯到2000多年前汉武帝设立太学之时。

京师大学堂的建立，是我国高等教育近代化的标志，其最大特色是在继承我国古代文明的基础上引进西方资本主义文明和近代科学文化，使我国的官办教育事业向前迈进了一大步，也使北京官学教育的历史地位得到了极大提升。

阅读链接

孙家鼐幼读诗书，在1859年参加殿试时，清咸丰帝命他以大清王朝的兴盛写一副对联。孙家鼐即兴书联曰："亿万年济济绳绳，顺天心，康民意，雍和其体，乾见其行，嘉气遍九州，道统继羲皇尧舜；二百载绵绵奕奕，治绩昭，熙功茂，正直在朝，隆平在野，庆云飞五色，光华照日月星辰。"

这副对联既歌颂了清朝的丰功伟业，又巧妙地把清历代皇帝的年号"顺治""康熙""雍正""乾隆""嘉庆""道光"等嵌入联中。清咸丰帝看后惊呼"绝妙！"举起朱笔点他为头名状元。

南京国子监

南京自古以来就是一座崇文重教的城市，教育繁盛，有"天下文枢"的美誉。南京官学记载较早的是宋代建成的学宫夫子庙学宫。后世历代都对这所学宫进行过维护性修建。至明朝时期，南京国子监成为当时世界上最繁盛的高级学府。

明王朝建立的南京国子监官学，以及清代北京国子监官学，成为这一时期南北呼应的最高学府，是科举时代士子们最重要的仕途门径。明清时期的南京国子监在我国官学发展历史上，书写了辉煌的篇章。

南京夫子庙的创建与发展

　　那是在宋代景祐年间的1034年，宋仁宗赵祯诏令在南京东晋学宫的基础上扩建成一所新的学宫，称为夫子庙学宫。后世历代都对这所学宫进行过维护性修建。

■南京夫子庙大门

■ 南京夫子庙习礼亭

　　夫子庙位于秦淮河北岸。秦淮河是古老的南京文化发源之地，而内秦淮河从东水头至西水关全长4.2千米的沿河两岸，从六朝起便是望族聚居之地，商贾云集，文人荟萃，儒学鼎盛，素有"六朝金粉"之誉。

　　六朝时期，夫子庙地区已相当繁华，乌衣巷、朱雀街、桃叶渡等处，都是当时高门大族所居。自六朝至明清，十里秦淮的繁华景象和特有的风貌，曾被历代文人所讴歌。

　　南朝齐永明年间刻成的《孔子问礼图》石碑，是南京夫子庙的"镇庙之宝"之一。此碑是一块拼接的石碑。碑中间的砖雕刻着孔子由山东去洛阳拜访老子，考察西周典章，学习礼仪，寻找治国方法的画面。

　　图中是二人驾车，一组古装人物在城门前欢迎的场面，刻有"永明二年，孔子在鲁人周门礼周流"的

砖雕 我国古建筑雕刻艺术及青砖雕刻工艺品，由东周瓦当、汉代画像砖等发展而来。在青砖上雕出山水、花卉和人物等图案，是古建筑雕刻中很重要的一种艺术形式。主要用来装饰寺、庙、观、庵及民居的构件和墙面。

角楼 角楼是古代建筑的一部分，造型奇特多姿，十字形屋脊，重檐三层，多角交错，有复杂的大木构架和斗拱。体现了我国古代汉族劳动人民非凡的智慧。我国古代著名的角楼位于紫禁城西北角，色彩协调，黄色琉璃瓦顶和镏金宝顶在阳光下闪烁生光，显得庄重美观。

■ 南京夫子庙仰圣亭

字样。图中线刻的图画，线条清晰、流畅，车辆、人物、服饰栩栩如生。碑的上半部有"孔子问礼图，吴敬恒题"的题字。

现在的夫子庙建筑富有明清时期的建筑特点，它以大成殿为中心，从照壁至卫山南北成一条中轴线，左右建筑对称配列，占地约26300平方米。四周围以高墙，配以门坊、角楼。南京夫子庙的"习礼亭"和"仰圣亭"分别摆放着"礼运钟"和"圣音鼓"。

我国建筑有一种独特的文化意象——钟，排在我国古代"八音"乐器的首位。南京夫子庙的"礼运钟"钟声浑厚悠扬，与苏州寒山寺的"夜半钟声到客船"的钟声有异曲同工之妙。

"礼运钟"是为纪念孔子诞辰而特别铸造的，钟的上半部刻画的是孔子周游列国的场景，中间铸有孔子《礼运大同篇》中的铭文，下半部是麒麟吉祥如意的图案。"礼运钟"3个字是由孔子第77代嫡孙女孔德懋题写的。

古时有"晨钟暮鼓"的礼仪，南京夫子庙的"圣音鼓"，也是为了纪念孔子诞辰所铸的，与"礼运钟"同为青铜铸造。青铜鼓也是春秋时期举行雅乐活动的乐器，鼓声浑厚，威震四方。

古时候，夫子庙学宫是学子

■南京夫子庙玉兔泉

和秀才研习经书的地方，是科考的预备场所，也是学子们学习和生活的地方。在这里生活，必须有生活用水，"玉兔泉"便是学子们唯一取水的地方。泉水涌现，清澈透明，水质优良。

据元代南京方志《至正金陵新志》记载，玉兔泉的来历还与宋代的太师秦桧有关。

相传秦桧在夫子庙学官学习时，一天晚上看见一只白兔入地，他便派人到玉兔指引的地方进行挖掘，刚挖到一丈处，发现此处有泉眼，泉水清澈。等到秦桧考上状元之后，派人开凿造井，并亲自题写篆书"玉兔泉"。

明代开国功臣，御史中丞兼太史刘伯温专门撰写了《玉兔泉》一文，记载了秦桧夜晚发现井和开凿造

《礼运大同篇》论述礼之源头和礼之实的专论，它同后一篇《礼品》是姊妹篇。以《礼运》为篇名，正表明它的中心内容是在记录帝王时代的礼乐之因革。不过，造成《礼运篇》脍炙人口的倒不在于它的主题和主要内容，而是由于冠于篇首的"大同小康"思想，故后世有"礼运大同"的说法。

铭文 又称金文、钟鼎文，指铸刻在青铜器物上的文字。与甲骨文同样为我国的一种古老文字，是华夏文明的瑰宝。本指古人在青铜礼器上加铸铭文以记铸造该器的缘由、所纪念或祭祀的人物等，后来就泛指在各类器物上特意留下的记录该器物制作的时间、地点、工匠姓名、作坊名称等的文字。

井的故事，并作铭文，专为玉兔泉水辩冤：

> 桧死为蛆，泉洁自如；
>
> 我作铭诗，众惑斯祛。
>
> 呜呼泉乎！终古弗谕。

刘伯温的意思是说，秦桧是奸臣，但并不能诽谤和冤枉"玉兔泉"本身。因此他撰写铭文告知大众。

由于玉兔泉清澈透明，水质上乘，加上学宫内又培养和造就了大批的经国人才，后来有人根据儒家"智者乐水，仁者乐山"的思想，而把玉兔泉改为"智慧之泉"，又称"智泉"。

玉兔泉旁边的碑叫《为优拔贡生筹措考盘费》碑，立于清光绪年间，记载了李鸿章、左宗棠等人捐白银1万余两，作为附属七县考生赴京会试公车经费的经过。

大成殿的建筑规制，也是沿用古时候皇帝特批的

■南京夫子庙大成殿

"九五之尊"的建筑规格。大成殿为重檐歇山顶式，屋面盖青色小瓦，轻秀随和。屋脊的双龙戏珠立雕，号称"江南第一龙"。这种风格的建筑在全国为首创，造型精美。整座建筑重檐飞翘，斗拱交错，气势雄伟。

■南京夫子庙大成殿内部

"大成殿"3个金色大字是清代雍正皇帝御笔题写的，大殿左右两侧悬挂着巨幅楹联，对孔子的一生作了精辟的概括。楹联写道：

删述六经，垂宪万世；
德侔天地，道贯古今。

大成殿面阔5间，东西两庑面阔9间，是南京夫子庙的主体建筑，也是祭祀孔子的圣殿。殿前露台正中央立有一尊孔子青铜像，高4.18米，重2.5吨，是我国

李鸿章（1823年—1901年），本名章铜，字渐甫、子黻，号少荃，晚年自号仪叟，别号省心，安徽合肥人。晚清名臣，官至直隶总督兼北洋通商大臣，授文华殿大学士，谥文忠。作为淮军、北洋水师的创始人和统帅、洋务运动的领袖，曾经代表清政府签订了《越南条约》《马关条约》《中法简明条约》等。

状元 我国古代科举考试以名列第一者为"元"，乡试第一名称"解元"，会试第一名称"会元"，殿试第一名的就是"状元"。因历朝历代多以文艺及哲理为取才的标准，虽然状元中不乏政治家、史学家，但仍以文学家为多。

最大的孔子青铜像。

民间有许多关于这尊孔子青铜像的传说，如摸摸孔子的脚和衣服就能够状元及第，飞黄腾达，所以孔子铜像的双脚被摸得锃亮。

殿内正中间摆放着"至圣先师孔子神位"牌，以供后人的敬仰和尊拜。在孔子神位牌两侧供奉有"四亚圣"，东侧为颜回、曾子，西侧为孔伋、孟轲，都是由汉白玉雕成。

颜回是孔子最得意的弟子，被列为孔子弟子中"德行"第一，"七十二贤"之首。他提出"克己复礼为仁。一日克己复礼，天下归仁焉。"的思想，被尊称为"复圣"。

曾参16岁时拜孔子为师，是孔子学说的主要传道人之一，《四书》中的《大学》一书的作者，也是《论语》一书的主要编著者，后被封为"宗圣"。

■ 南京夫子庙祭孔的古乐器

孔伋是孔子的孙子，著有《中庸》一书，后被封为"述圣"。

孟轲，即孟子，提出"仁政"学说，倡导"以德服人"，提出"得道者多助，失道者寡助"的重要思想。后人也把以孔子、孟子为代表的儒家思想称为孔孟之道。孟子后被封为"亚圣"。

大殿上方有清代8位皇帝题赠的匾额，它们分别是康熙帝的"万世师表"、雍正帝的"生民未有"、乾隆帝的"与天地参"、嘉庆帝的"圣集大成"、道光帝的"圣协时中"、咸丰帝的"德齐帱载"、同治帝的"圣神天纵"、光绪帝的"斯文在兹"匾额。

这一块块匾额印证了清代历朝皇帝尊崇膜拜孔子的历史。清康熙皇帝御笔题写的"万世师表"，整个匾雕龙贴金，十分气质。"万世师表"的意思是孔子和他的道德学问是我们千秋万世的老师和表率。

在祭祀区内还摆放了用于祭孔乐舞的古乐器，有编钟、编磬、琴瑟等。

学宫内的"尊经阁"是一座重檐丁字脊歇山顶三层古建筑，端正凝重、玲珑华丽。尊经阁的意思是"以经为尊"。古时候为教谕讲课的讲堂，楼上藏有

■ 孔子像及"万世师表"匾额

孔伋 （前483年—前402年），战国初期鲁国人，姓子，氏孔，名伋，字子思，孔子之孙。春秋战国时期著名的思想家，儒家的主要代表人物之一。与孔子、孟子、颜子、曾子比肩共称为五大圣人。旧时以子思、孟子、颜子、曾子配祀孔子于孔庙，所以又与孟子、颜子、曾子并称"四配"。

"十三经"和"二十一史"等书籍。

古时候，藏书历来是读书人的精神寄托，藏书楼是文人雅士心目中的圣殿。尊经阁始建于明代中期，清咸丰年间毁于战火。后来在清同治年间又由一等毅勇侯曾国藩和直隶总督李鸿章相继扩建重建。

清代还在尊经阁开办过"尊经书院"。书院是地方士绅开设的儒学讲习场所，也是科举时代培养人才的途径之一。尊经书院古时为南京的八大书院之一，名噪一时。

文德桥原为六朝金陵二十四桥之一，明万历年间建成木桥，之后由钱宏业改建为石桥，桥名取儒家"文德以昭天下"之意。后来修葺时改建为汉白玉桥栏，青石桥面。

因文德桥位于子午线上，每年农历十一月十五子

直隶总督 总督直隶等处地方提督军务、粮饷、管理河道兼巡抚事的官员，是清代最高级别的封疆大臣之一，总管直隶、河南和山东的军民政务。由于直隶省地处京畿要地，因此直隶总督被称为疆臣之首。

■南京夫子庙尊经阁

时，月亮正临子午线，桥影可将河中明月分为两半。此时人立桥上，俯身可见桥下两个"半边月"，称"文德分月"。立身自顾无影，即为"月当头"奇观。每逢这天，桥上人山人海，观月者常将桥栏挤断而落入水中，故又有"文德桥栏杆靠不住"的歇后语传之于世。

■文德桥

武定桥也称上浮桥，最初题名为"嘉瑞浮桥"，与朱雀桥相对。明初易名为"武定桥"，取"文能安邦，武能定国"之意。此名又与文德桥相呼应，俗称文、武二桥。

清代末年，南京夫子庙学宫成为南京民间民俗文化的集结地。南京的评书、相声、扬剧、昆曲、古琴等都聚集在这里，各种群众文艺活动十分活跃，与北京天桥、天津劝业场齐名，成为我国曲艺的三大发祥地之一。

在我国教育史上，南京夫子庙学宫具有独特的地位，是科举时代学子读书的最高学府。

比如东晋政权的奠基者之一王导，家住乌衣巷，是六朝时期南京教育的先驱人物。王导提出"建明学校，阐扬六艺，以训后生"，晋元帝于317年开始"置史官，立太学"，晋成帝于337年在秦淮河南岸重建太学，史称"国学之兴"。

明清两代对南京的夫子庙学宫进行修葺和扩建，其中明德堂是学宫的主体建筑。

明德堂坐北朝南，始建于北宋，后经几度兴废。现有建筑为清同治年间重建，后又经大规模修复。这里是古代学子上大课的地方，每月初一、十五，学宫都要举行朝圣典礼。典礼后，由学宫教谕主讲孔子学说及当时皇帝的圣谕等。全学宫的学子不分年级，都要到明德堂听课。

明清时期的学子，进学宫学习成为科举的必由之路。许多学子们本着"万般皆下品，惟有读书高"和"圣贤之地、读圣贤书、成圣贤之士"的愿望，来到学宫进行学习和生活。"地处庙内深幽处，悠悠传来读书声"，指的就是学宫内学子们学习和生活的场景。

能够说明明清时期南京夫子庙学发展的，还有夫子庙宫院内的"明代学宫碑"和"清代学宫碑"。这两块学宫碑的内容类似现在的大、中学校学生守则。

"明代学宫碑"，是明代开国皇帝朱元璋为教化天下，激励天下士子学人，遵循儒学，于1369年命礼部撰文而成。它规定了全国学宫、府学、县学、书院学子们的学习内容及行为准则，史称"学宫条规"。

"清代学宫碑"的碑文是清代顺治皇帝为规范全国学宫、府学、

■南京夫子庙明德堂

县学、书院学子们的学习，于1652年命礼部立石于全国学宫。清代学宫碑除规定了学子们的学习教材及相关罚则外，还增加了要求学子们尊敬、爱戴父母和老师，做利国利民之事等内容。

千百年来，学子们在孔庙祭孔，到学宫培训，赴贡院赶考。南京夫子庙学宫共走出了66名状元。在清代112名状元中有58名是从南京夫子庙考上的，占了一半以上。夫子庙学宫为我国古代教育积累了宝贵的经验，很多开先河之举已载入史册。

阅读链接

俗话说："自古江南多才子"，历史上南京夫子庙学宫以培养了大批经国人才而享誉海内外，从这里走出了多名载入史册的名臣、教育家、文学家和艺术家。

比如，三任江宁知府的王安石，南宋忠臣文天祥，我国古典名著《儒林外史》作者吴敬梓，孔子后代、《桃花扇》作者孔尚任，清代著名文学家袁枚，民族英雄邓廷桢，清代名臣林则徐，洋务运动领袖李鸿章等，他们都曾在学宫里留下足迹。

明代南京国子监与地方官学

　　那是在我国明王朝建立之初，明太祖朱元璋就确立了本朝的文教政策，即"治国以教化为先，教化以学校为本"。为此，明初采取了一系列重教兴学措施。

朱元璋画像

　　明太祖屡次下诏或遣使向全国访求贤才，招纳明经儒士，给予高官厚禄。此外，明太祖更为重视中央官学培养人才的作用，他强调：

　　太学，天下贤关，礼义所由出，人才所由兴。

　　明初建都南京后，在南京鸡鸣山设立国子监，称为"南

■ 明代教师蜡像

雍"。国子监设立的负责人祭酒与司业，以及下设的各类别的教官，均列入国家行政官吏之列。

明初设立的南京国子监不仅是全国最高学府，同时又是全国最高的教育管理机构。南京国子监规模宏大，据《南雍志》记载：

> 东至小教场，西至英灵坊，北至城坡
> 土山，南至珍珠桥；左有龙舟山，右有鸡鸣
> 山，北有玄武湖，南有珍珠河，延袤十里，
> 灯火相辉。

南京国子监内设绳衍厅、博士厅、典籍厅、典薄厅、掌馔厅5厅，作为职能部门，分管国子监教学、行政和后勤各方面事务。国子监内有学官教官44人，学官教官被任以官佚，职责明确，各司其职。

官学 我国封建朝廷直接举办和管辖，以及历代官府按照行政区划在地方所办的学校系统。国家的中央官学创办于汉朝。魏晋南北朝时期政局纷乱，官学时兴时废，及至唐朝，中央官学繁盛，南宋后逐渐走下坡路。到了封建社会后期，中央官学名存实亡。清朝末年，完全被学堂和学校所代替。

纲常 即"三纲五常"的简称。我国古代以君为臣纲、父为子纲、夫为妻纲为三纲，则仁、义、礼、智、信为五常。三纲、五常源于西汉董仲舒的《春秋繁露》，但作为一种道德原则、规范的内容，它本源于周礼"尊尊君为首"和"亲亲父为首"的基本原则。

明代南京国子监的学生生源主要有两大类：一类是官生，一类是民生。官生是出生于官家的子弟，由皇帝准许指派而免试入监。民生的来源，一类是贡监，另一类是举监，指从会试落第的举人中择优者入监肄业，无论是官生还是民生，享受着比较优厚的生活待遇。

当时官生和民生常走的街巷有一条著名的成贤街。成贤街是一条巷子，虽然现在看来不是很宽，但在明代可能算是宽阔的马路了。当时通往国子监的道路，由于是即将步入仕途的官生和民生使用，故这条路被称为"成贤街"。

南京国子监在建立之初和其后的发展中，逐渐建立起一整套学规学制和教育管理制度。

明太祖把纲常道德教育渗透于教学之中，同时还要以程朱理学为正宗思想，要求学生熟读"四书

■ 古代学生学习场景

五经"。此外还要求学习法令等，以《大明律》《御制大诰》为学习内容。

明太祖重视学规要求，强调学官的师表作用，为此制定一系列法令、制度和惩处条例，对各级学校和学生施行严格的控制与管理。如分级授课，积分法和监生历事制度。

南京国子监还设立了一些专科性学校，这些学校实质上是专门施行某一方面教学的教育机构，用以培养有关方面的人才。

■ 古代学生雕塑

比如：宗学，是明代专为教育宗室子弟而设立的贵胄学校；武学，明代通过设立中央武术学校来进行专门的军事教育，培养军事人才。

南京国子监还设立了一些专业的教育机构，这些机构除施行朝廷专门的职责外，还从事一些教学活动，承担对从事这些专门职责的专业人才的培养教育工作。

比如：钦天监是明代中央政府设立的专门机构，掌管有关事物并进行事业传学；太医院在明初时设，后改为太医监，不久改回太医院，学生从医家子弟中择而教之，其特点是边工作边学习。

明代南京国子监在明代官学的发展中占有重要的历史地位，尤其是在明代前期，对明王朝高等人才的

《大明律》 全称《大明律集解附例》，完成于明洪武年间，是我国法制史上具有划时代意义的法典。这部大法不仅继承了明代以前我国古代法律文献的历史优点，是我国古代法律编纂的历史总结，而且下启清代我国立法活动的发展，为我国近现代的法制建设提供了一些宝贵的借鉴。

培养起着至关重要的作用。

明代南京地区的地方官学空前发展，地方教育网络业已形成，明代南京地区的地方官学主要是应天府学及应天府所辖8县之县学。

南京国子监设有专门的"监规"，有权对地方府、州、县各级学校颁发学规禁例。当时南京地区的各类学校，按照朝廷的要求，设置统一的课目，学校的教材使用统编的教科书，统一规范各地的教学。

明代，南京地区还设置了一些专门的学业教育机构，这些机构所进行的学业教育亦成为官学教育的补充部分，有阴阳学和医学。

在社学方面，明太祖认为：

> 昔成周之世，家有塾，党有痒，故民无不知学，是以教化行而风俗美。今京师及郡县皆有学，而乡社之民未睹教化，宜令有司更置社学，延师儒以教民间子弟，庶可导民善俗也。

因此，明太祖下诏置社学，南京地区的社学亦由此而大兴，并有了进一步的发展。

■ 古代学生雕塑

社学 地方官奉朝廷诏令在乡村设立的教化童蒙的学校。始设于元代。元制50家为一社，每社设学校一所，择通晓经书者为教师，教《孝经》《小学》《大学》《论语》《孟子》，并以教劝农桑为主要任务。明承元制，各府、州、县皆立社学，以教化为主要任务，教育15岁以下幼童。

南京国子监在国际上影响很大，当时邻邦高丽、日本、琉球、暹罗等国"向慕文教"，不断派留学生到南京国子监学习。

由于南京国子监及其他中央官学，接纳和安置了许多留学生，留学生教育方面得到很大的发展。再加上当时地方官学的蓬勃发展，在这个时候，就需要有官学的管理与制度。

当时的学政是朝廷派驻各直省督察各府、州、县儒学的最高长官，代表朝廷主持地方的岁科考试，并检查地方官学情况，考核教官。各级地方官学教官是官学教育的实施者，生员资格是通过考试而取得和维持的。另一方面，生员也要接受严格的科举考试训练。

地方学校的学习内容有"四书五经"、《性理大全》《资治通鉴纲目》《大学衍义》《历代名臣奏议》

学政 古代学官名，提督学政，主管一省教育科举，简称学政，俗称学台，与按察使属同级别，正三品。明代学政是由朝廷委派到各省主持院试，并督察各地学官的官员。学政一般由翰林院或进士出身的官员担任。

■古代课堂图

■古代地方教育机构

《文章正宗》等书，学政责成教官讲解，学生诵习。按月月课，四季季考，是地方官学的日常考试。

明代对地方官学生员的管理，除了以科举为导向的考课考试外，还体现在朝廷制定的生员学规和禁令上。

明代开设的南京国子监及开办的地方教育，是明代南京教育管理体制的一个新特点，为我国传统教育的发展和创新做出了重大贡献。

阅读链接

明代南京国子监祭酒当中，有一个叫章公懋的人。他的一个监生因为得不到朝廷颁发的饷银，就请假说去求人帮忙。章公懋听后，脸上不禁显露替学生的担忧之色，就让学生快去，并且希望他得到饷银后告诉自己。

其实，这个监生原本只想找个借口逃学，但是看到章公懋的担忧之色，就后悔欺骗了祭酒大人，他心想：先生用诚心待我，怎么能骗他呢？第二天，这个监生鼓足勇气回复章公懋，并言明了事实的原委，请求章公懋原谅。这件事反映出章公懋对学生的真心。

南京江南贡院的创建与发展

那是在南宋时期的1161年末，宋高宗从临安出发巡视建康即今南京，命枢密院编修官史正志扈从随行。宋高宗率一班大臣到达建康府后，驻跸月余。

史正志随驾巡视，悉心观察建康山川形势后，深感建康的战略地位重要，向宋高宗进言如何防守事宜，宋高宗及群臣都非常认同他的见解。

不久，宋高宗禅位给宋孝宗。宋孝宗久闻史正志之名，授史正志承奉郎，并随时召之内殿听对，甚为倚重。1167年，宋孝宗史正志知建康府。

建康即今南京，又名金陵，地处长江边，山川形势险要，易

■史正志铜像

■ 文天祥画像

临安 位于浙江西北部。南宋政府于1129年升杭州为"临安府",级别为"行在",即陪都而不是首都,南宋法定的首都与北宋一样都是汴梁,但是当时已经在敌占区。自宋以后,临安、於潜、昌化县建置和名称基本稳定。北宋属杭州,南宋属临安府,元属杭州路,明属杭州府,清因之。

守难攻,进可图中原,退可保江浙,军事地位突出。历史上曾是六朝都城,更是南宋江防要塞,朝廷在此建行宫,称作留都,故而建康守官一般由朝廷重臣担任。由于史正志熟谙军事,通晓韬略,智勇兼备,故而朝廷派他镇守这一要地。

史正志在建康任军政要职3年,做了几件值得称道的事,其中1168年以侍郎蔡宽夫建康旧宅创建的建康贡院,是供科举考试的场所,后来发展成著名的江南贡院,其地点在今秦淮河畔夫子庙附近。据南宋名相马祖光修地方志《景定建康志》卷32记载:

> 建康府贡院,在青溪之南,秦淮之北,即蔡侍郎宽夫旧址也。乾道四年,留守史公正志建。

建康贡院建成后,给南宋士子通过科举考试进入仕途提供了一个很好的场所。南宋时期杰出的民族英雄和爱国诗人文天祥,就是建康贡院考场选出的杰出人才。

文天祥是宋理宗时的进士,当都城临安危急之时,他在家乡招集义军,坚决抵抗元兵的入侵。后不幸被俘，在拘囚中，大义凛然，终以不屈被害。

文天祥著有诗词名篇《正气歌》和《过零丁洋》，反映了他坚贞的民族气节和顽强的战斗精神。风格慷慨激昂，苍凉悲壮，具有强烈的感染力。

南宋时期的建康贡院历经数百年风雨，到明清时期，已经成了南京夫子庙地区三大古建筑群之一，仍然是国家重要的考试场所。清初南京为江南省首府，故建康贡院改为"江南贡院"之名。

1368年，朱元璋击破各路农民起义军后，在应天府称帝，国号大明，年号洪武。朱元璋定都南京后，乡试、会试都集中在南京举行，其他县学、府学必须另建考棚。

明成祖朱棣1421年迁都北京，仍将南京作为陪都。因江南地区人文荟萃，参考士子日益增多，原有考场便越来越显得狭小。这时，明成祖便继续派人建

秦淮河 古称淮水，是长江下游的一条支流，其中流经南京城内的一段被称为"十里秦淮"。秦淮河是南京古老文明的摇篮，南京的母亲河，历史上极富盛名。这里素为"六朝烟月之区，金粉荟萃之所"，更兼十代繁华之地，被称为"中国第一历史文化名河"。

■朱元璋御赐甲第

李渔（1611年—1680年），初名仙侣，后改名渔，字谪凡，号笠翁，浙江金华兰溪人。明末清初文学家、戏曲家。在明代中过秀才，入清后无意仕进，便从事著述和指导戏剧演出。后居于南京，并且把居所命名为"芥子园"。著有《凰求凤》《玉搔头》等戏剧，《觉世名言十二楼》《连城璧》等小说与《闲情偶寄》等书。

■ 江南贡院

造江南贡院。

复建后的江南贡院，仍保留有"明远楼""贡院碑刻"等重要文物古迹。

明远楼原为江南贡院的中心，也是贡院最高的一座建筑。明远楼大门上悬有横额"明远楼"3个金字，外墙嵌《金陵贡院遗迹碑》，记述了贡院的兴衰历史。登临四望，秦淮风月，历历在目。

"明远"二字取自儒家经典《大学》中"慎终追远，明德归厚"之意。明远楼左右两侧的对联是"明经取士，为国求贤"。楼内有清康熙年间著名词人李渔所题对联，"矩令若霜严，看多士俯伏低徊，群嚣尽息；襟期同月朗，喜此地江山人物，一览无余"。从联中也可看出明远楼设置的目的和作用。

明远楼两侧是碑廊，陈列着明清时期的贡院碑刻22通，其中有康熙御题碑、两江总督铁宝碑、重修扩

■ 江南贡院碑林·

建贡院碑等，是研究明清贡院建制沿革和科举情况的实物资料。

这些贡院碑刻时间横跨明天顺元年的1457年至1922年，详细地记载了这段时间江南贡院的历史兴衰，以及皇帝、大臣、名士等对江南贡院的赞誉、评价和题咏。

《应天府新建贡院记》《增修应天府乡试院记》《江宁重修贡院记》《重修江南贡院碑记》《金陵贡院遗迹碑记》等，记载了江南贡院的迁址、新建、整修、扩建至拆毁的全过程。

《壬午科两大主考公正廉明碑记》《江南贡院主考题名记》《筹措朝考盘费碑》《万寿科题名记》《颂德碑》等，主要记载了江南贡院部分主考、中举考生姓名及清代江南贡院主考、监临官员的清正廉明事迹。

《御制宸翰》《铁保手书》《乙卯贡院诗》《祖洛诗刻》等，则着重反映了从康熙皇帝到大臣名士对科举制度及亲历江南乡试的感慨与抒怀。

《金陵贡院遗迹碑记》则记载着江南贡院在科举制废除后，如何

■江南贡院内部

由"数百年文战之场，一旦尽归商战"的全过程。

　　这些碑刻是江南贡院数百年历史的见证，它们忠实地记录下江南贡院曾发生过的一切重大事件。这样无间断记载着几百年科举考场史实的碑刻，在全国也仅此一处，虽然它记载的只是江南贡院历史，但是通过它可以反映出我国古代整个科举考试的概貌。

　　江南贡院经过明清两代的不断扩建，拥有考试号舍20644间，另有主考、监临、监试、巡察以及同考、提调执事等官员的官房千余间，再加上膳食、仓库、杂役、禁卫等用房，更有水池、花园、桥梁、通道、岗楼的用地的大型考场，占地近30万平方米。其规模之大，房舍之多，为明清时期全国考场之冠。

明清时期江南贡院的科举

　　明清时期，在南京江南贡院举行的乡试称为"南闱"，在北京顺天府举行的乡试称为"北闱"。

　　明清时期的江南贡院作为有当时全国最大的考场，出了很多名人。如施耐庵、唐伯虎、郑板桥、吴敬梓、翁同龢等历史名人，他们

江南贡院科举考试

■ 江南贡院里的唐伯虎雕塑

施耐庵（1296年—1371年），本名彦端，汉族，江苏兴化人。元末明初文学家。博古通今，才气横溢，凡群经诸子，词章诗歌，天文地理无不精通。与门下弟子罗贯中一起研究《三国演义》、《三遂平妖传》的创作，搜集整理关于梁山泊宋江等英雄人物故事，最终写成"四大名著"之一的《水浒传》。

均为江南贡院的考生或考官。我国最后一个状元刘春霖也出于此。

施耐庵是江苏兴化人，元末明初著名小说家，长篇古典小说《水浒传》的作者。

施耐庵自幼读书用功，记性又好，他读过的经书和史书，很多都能整篇背诵。遇到教师提问，他能对答如流。长大后不仅乐于帮助乡里人，对待父母也很孝敬。父亲生了病，他和妻子守在床边，送水喂药，彻夜不眠。

这样，到了参加科举考试的时候，地方官推荐了施耐庵参加江南贡院的乡试。后来在1332年，施耐庵考中了进士，被派到钱塘做了个地方官。他为官3年，因不满官场黑暗，不愿逢迎权贵，弃官回乡，撰写《江湖豪客传》一书，即《水浒传》。

施耐庵写完《水浒传》后没过几年就病逝了。《水浒传》至今还代代流传。

唐伯虎是明代南直隶苏州吴县人。他自幼聪明伶俐，熟读"四书""五经"，并博览史籍，16岁秀才考试得第一名，轰动了整个苏州城，号称"江南第一风流才子"。

唐伯虎29岁时，到南京江南贡院参加乡试，又中第一名解元。正当他踌躇满志，第二年赴京会试时，因牵涉科场舞弊案而交厄运，绝意仕途。

唐伯虎是明代"吴门画派"四大画家之一。他的画作题材广泛，挥笔自然，风格别具，雅俗共赏，深受各个阶层志士仁人乃至庶民百姓的赏析与青睐。

唐伯虎的诗风情真意挚，自然流畅，信手拈来，不拘成法，大量采用口语，意境清新，对人生、社会常常怀着傲岸不平之气。

唐伯虎（1470年—1523年），唐寅，字子畏，号六如居士、桃花庵主等，明代南直隶苏州吴县人。明代画家、文学家。与祝允明、文徵明、徐祯卿并称"江南四大才子"，与沈周、文徵明、仇英并称"吴门四家"，又称为"明四家"。代表作品有《骑驴思归图》《山路松声图》《六如居士集》等。

■ 江南贡院考试场景塑像

除诗文外，唐伯虎也尝作曲，多采用民歌形式，由于多方面深厚的文学艺术修养，经历坎坷，见闻广博，对人生、社会的理解较深，所以作品雅俗共赏，声名远扬。

郑板桥是江苏兴化人。1732年秋，14岁的郑板桥赴南京江南贡院参加乡试，中举人，作《得南捷音》诗。1736年中进士。官山东范县、潍县知县，有政声。

郑板桥做官前后，均居扬州，是"扬州八怪"之一。其诗、书、画均旷世独立，世称"三绝"，擅画兰、竹、石、松、菊等，其中画竹已50余年，成就最为突出。

吴敬梓是安徽全椒人。他家原本是书香门第，有田有房，衣食不愁。可他总爱用钱去帮助穷人。他考中秀才后，几次到南京江南贡院来考举人，都住在秦淮河畔，故称他为"秦淮寓客"。后来他渐渐萌生了到南京定居的想法，于是举家迁居南京，在秦淮一直住到去世。

吴敬梓一生创作了大量的诗歌、散文和史学研究著作，有《文木山房诗文集》12卷，今存4卷。不过，确立他在中国文学史上的杰出地位的，是他创作的长篇讽刺小说《儒林外史》。

翁同龢是江苏常熟人。他自幼秉性好学，通读"四书""五经"，并

郑板桥画像

且以优异的成绩考入常熟县学游
文书院。

1845年应试江南贡院，考中
秀才，1852年应顺天乡试中举
人，1856年殿试一甲一名，考中
状元。曾做清光绪帝的老师，
"得遇事进言"，光绪皇帝"每
事必问同龢，眷倚尤重"。

翁同龢是我国近代史上著名
政治家、书法艺术家。他文宗桐
城，诗近江西。工诗，间作画，
尤以书法名世。当时的书法家对
他的书法造诣十分敬佩。

刘春霖是直隶肃宁人。他天资聪颖，学习刻苦，
深受老师喜爱。后来，父亲把他带至保定，入莲池书
院读书，连续攻读10余年，学业长进很快，颇得院长
吴汝纶赏识。

1902年，刘春霖在江南贡院考取举人。1904年夏
天他参加殿试，一举获得一甲头名，得中状元。

就在刘春霖金榜题名后的第二年，清政府宣布
"停止科举，推广学校"。科举制度的废除，使刘春
霖成为我国历史上最后一名状元。他因此戏称自己是
"第一人中最后一人"。

中状元后，刘春霖被授翰林院修撰。次年，便和
同科进士沈钧儒、谭延闿、王揖堂等人一起奉派到日
本政法大学留学。归国后，历任资政院议员、记名福

■ 刘春霖

刘春霖（1872
年—1944年），
字润琴，号石
云，直隶肃宁
人。1904年甲
辰科状元，是我
国历史上最后一
名状元，自言
"第一人中最后
人"。刘春霖善
书法，尤以小楷
为著。小楷笔力
清秀刚劲，深得
世人推崇，时有
"大楷学颜，小
楷学刘"之誉。
出版有《大唐三
藏圣教序》《兰亭
序》等小楷字帖
多部；大字法帖
亦有出版。

江南贡院考生及官员塑像

建提学使、直隶高等学堂提调和保定北洋女子师范学校监督等职。

明清时期南京江南贡院的名人除了上述这些外，还有晚清时期的曾国藩、左宗棠、李鸿章、陈独秀等历史文化名人，他们或做过当年的考官，或在此赶过考。

清末废科举兴学校，南京江南贡院也随之失去作用，停止开科取士。1919年开始拆除贡院，除留下贡院内的明远楼、衡鉴堂和一部分号舍作为历史文物外，余下部分全部拆除，辟为市场。

阅读链接

在南京江南贡院科举考试中成名的人当中，张謇也是一个颇有建树的人。他1868年以来，进出科场20多次，终于在1894年41岁时得中一甲第一名状元，授以六品的翰林院修撰官职。

张謇是著名的实业家和教育家，主张"实业救国"。他一生创办了20多个企业，370多所学校，为我国近代民族工业的兴起和教育事业的发展作出了宝贵贡献，被称为"状元实业家"。毛泽东同志在谈到我国民族工业时曾说："轻工业不能忘记张謇。"

历代学宫

　　学宫原本是西周时期天子教授国子和贵族子弟的场所，其教育功能和建筑形制在后世得到了继承和发展，涌现出了战国时期的稷下学宫、东汉时期的鸿都门学、唐代龙川学宫、北宋高要学宫、明代汝州学宫等，成为各个朝代地方官学的重要形式之一。

　　各地学宫的建筑格局是明伦堂居中，前部左右设东厢房和西厢房，堂后为尊经阁或藏书楼，堂前设儒学门和仪门。此外还有斋舍、儒学署、教授厅、敬一亭、观德亭等建筑，体现了教育功能与建筑形制的统一。

西周时期的学宫起源与发展

据传说，舜帝年纪很大的时候，尧帝的异母弟契去世了。契是舜帝任命的主要掌管教育的官员，他在世的时候，自始至终没摆半点皇亲、长者、老臣的架子，大家都很尊重他。

契的去世，让舜帝非常心痛。他下令辍朝7日，举朝深切悼念，然后又为契举行了隆重的葬礼。

老臣们一个一个地去世，这让已经不再年轻的舜帝无比感伤。岁月流逝，人生易老。于是，他决定开设"庠"这样的学校，不仅可以使老臣们老有所养，而且也算不辜负契生前教化人心的愿望。

西周时期的"庠"具有两个功能：一是将年岁大的老臣供养

■舜画像

在这里并建立养老制度；二是教化人们尊老爱老。

■ 周公旦制礼作乐群像画

"庠"可以说是我国历史上最早的学宫，它作为养老教化之所，一方面反映了原始氏族公社尊老敬长的优良传统，以及与教化相关的礼仪和内容；另一方面，它在古代教育的发展过程中，开太学教育之先河，实属功不可没。

西周学宫的主要特征是"学在官府"，也就是学在庠。在这一体制下，形成了从中央到地方的较为完善的学校教育体制，以及以"六艺"为主体的教育内容。

"六艺"是指礼、乐、射、御、书、数6种技能或能力。"六艺"之中，又有"大艺""小艺"之分，礼、乐、射、御作为大艺，是大学的课程，书、数作为小艺，主要是小学的课程。西周的"六艺"教育传统对后世封建社会的教育也产生了深刻的影响。

公元前478年，孔子的弟子将孔子的曲阜"故所

舜　姓姚，名重华，字都君，我国传说中的人物，是五帝之一。舜为4个部落联盟首领，以受尧的"禅让"而称帝于天下，建都于蒲阪，国号为"有虞"。他爱护人民、造福于民，倡导天人协和、万物共荣的社会公德，是上古一位有为的君主。

庙学 设于孔庙内的学校。孔子一生从事教育事业，去世后也与学校结下不解之缘，他被奉为万世师表，教育始祖，祭祀的庙宇也都设在学校，也就是后来人们所说的"即庙设学""庙学合一"。庙学为历代王朝所倡导，成为古代社会的一项重大教育制度。

居堂"立庙祭祀，当时有庙屋3间，内藏孔子的衣、冠、琴、车、书等遗物，岁时奉祀。这就是山东曲阜孔庙。自此，历代帝王不断给孔子加封谥号，孔庙的规模也越来越大，成为全国最大的孔庙。

在孔庙未修之前，在学宫里就有祭祀尧、舜、禹等先师先圣的礼仪。孔子去世后，人们在孔庙里学习礼乐文化。此时，学在庙中，庙中有学，"庙学合一"初显端倪。

孔庙建成以后，西周时期"学宫"的使用发生了很大转变。由于孔庙往往就是地方上供子弟读书的场所，因此，孔庙又称为学宫。尤其是在明清之际，府、州、县的地方官办学校与地方孔庙的教化功能相结合，共同组成了一个特殊的建筑群类型，即庙学建筑。

学宫与孔庙形成的庙学建筑群平面布局，主要有左庙右学、左学右庙、前庙后学和中庙旁学这4种。

■曲阜孔庙

■曲阜孔庙弘道门

　　左庙右学是明清地方庙学定型以后的正规布局，其源于周礼中尚左之制，根据"左祖"原则，先圣先师之庙应建在学宫之左。

　　此种布局较早出现在唐代，当时都城长安的孔庙与国子监的布局为左庙右学。元代以后各朝代的都城孔庙都位于国子监左侧。明代中期以后，全国各地绝大多数庙学都是这种左庙右学的布局。

　　左学右庙这种布局出现于南宋时期，可能是受曲阜孔庙、孔林中尚右的影响。孔子从周制尚右，其后代在墓葬和立庙时都遵循这一原则。南宋时的都城孔庙与国子监的布局也是左学右庙，这种布局对南方的庙学布局有一定影响。

　　前庙后学布局是宋元时期孔庙与学宫分离时期的一种布局方式，后来这种布局的庙学有许多改为左庙右学，而有些地方仍沿袭下来，特别是西北和西南地区，例如陕西省和山西省的庙学绝大多数是这种布局。

　　中庙旁学是指孔庙居中，其东西两侧均建学宫的平面布局。这种布局方式非常少见，它是前庙后学向左庙右学过渡时期的产物，例如山西平遥县庙学的孔庙居中，左右为东学和西学。

我国古代各地学宫建筑的基本制度为明伦堂居中，前部左右设东厢房和西厢房，堂后为尊经阁或藏书楼，堂前设儒学门和仪门两道，此外还有一些其他建筑设施。这种建筑格局，不仅体现了学宫的教育功能，也在我国建筑史和教育史上产生了深远的影响。

官学盛况

国子监与学宫的教育

阅读链接

北京孔庙的大成殿前西侧有一株古柏，名为"除奸柏"。说起这株古柏的名字，还有一个来历呢。

相传在明嘉靖年间，有一年奸相严嵩代替皇帝来孔庙祭孔。严嵩本来就心怀篡位之心，这次率百官来到孔庙，就感觉自己真是皇帝似的，得意忘形地在前面大摇大摆地走着。没想到一没留神，就被旁边古柏的树枝掀掉了他的乌纱帽。代替皇帝祭孔，掉了乌纱帽，这可是对皇帝的大不敬，也是对孔圣人的不恭。严嵩吓得一句话也不敢说，捡起帽子慌忙戴上。

此事传出后，人们认为古柏有知，痛恨奸臣，所以就叫它"除奸柏"。

春秋名扬天下的稷下学宫

公元前1051年，周武王将为周王朝立下汗马功劳的姜尚封于齐，都营丘。

领封之后，姜尚带领文武百官，携家人侍从，车乘辎重，浩浩荡荡，东行就国。在齐地，姜尚励精图治，奉行尊贤尚功的国策，并积极发展生产，齐国很快成为强国。

到了春秋时期，齐国一度称霸。公元前386年，姜氏失去政权。经过几代努力而获得齐国上下广泛支持的田氏，取代姜氏，田和成为齐国国君。对此，日渐

■姜尚蜡像

■ 齐桓公雕像

衰微的周王朝也代表周朝各国表示承认。这一历史事件被称为"田氏代齐"。

战国时期，各个诸侯国都处于大变革之中。田齐的第三代国君齐桓公田午，当时面临着新生政权有待巩固、人才匮乏的现实。于是，他继承齐国尊贤纳士的优良传统，在国都临淄的稷门附近建起了一座巍峨的学宫，设大夫之号，广泛招揽天下有志之士，称为稷下学宫。

稷下学宫实行"不任职而论国事""不治而议论""无官守，无言责"的方针，学术氛围浓厚，思想自由，各个学派并存。人们称稷下学宫的学者为稷下先生，随其门徒，被誉为稷下学士。

齐威王当政时期，他在邹忌等人的辅佐下，采取革新政治、整顿吏治、发展生产、繁荣经济、选贤任能、广开言路，扩建稷下学宫等一系列政治、经济和思想文化措施，终于使齐再次强于诸侯，稷下学宫也进入了一个蓬勃发展的新阶段。

对于这段历史，东汉著名学者应劭在《风俗通义·穷通》中记载说：

齐威、宣王之时，聚天下贤士于稷

《风俗通义》
为东汉泰山太守应劭所著。汉唐人多引作《风俗通》。原书共有30卷、附录1卷，今仅存10卷。该书考论典礼类《白虎通》，纠正流俗类《论衡》，记录了大量的神话异闻，但作者加上了自己的评议，从而成为研究古代风俗和鬼神崇拜的重要文献。

下，尊崇之，若邹衍、田骈、淳于髡之属甚众，号曰列大夫，皆世所称，咸作书刺世。

由此可见，稷下学宫在齐威王时就已经有了很大的发展。齐威王采取了更加开明的政策，"趋士""好士"，稷下学宫的规模和成就达到顶峰。

公元前319年，齐宣王即位。他在位期间，借助强大的经济军事实力，一心想称霸中原，完成统一全天下的大业。为此，他革新政治，选贤任能，广开言路，还像其前辈那样进一步扩建了稷下学宫。

首先，齐宣王给予了稷下先生们极高的政治地位和礼遇。当时的著名学者邹衍、淳于髡、田骈、慎到、环渊等76人，皆被授为上大夫。这些人参与齐国国事，可以用任何形式匡正国君及官吏的过失。

齐宣王还为他们修起康庄大道，建立高门大屋，给予很高的俸禄和优厚的物质待遇。如号称"稷下之冠"的淳于髡有功于齐，被贵列上卿，赐之千金，革车百乘。田骈"訾养千钟，徒百人"。

为了广开言路，齐宣王勉励稷下先生们著书立说，展开学术争鸣。史料记载，齐宣王经常向稷下先生们征询对国家大事的意见，并让他们参与外交活动，及典章制度的制定。据考证，《王度记》就是淳于

■ 齐宣王（前350年—前301年），妫姓，田氏，名辟疆，齐威王之子。战国时期齐国国君。他见到西方秦国招揽贤士，便也着意文化事业的发展。他不惜耗费巨资招致天下各派文人学士来到齐国稷下学宫，使稷下学宫进入鼎盛。著名的有淳于髡、田骈、荀子、孟子等人。

■ 古人学堂情景
蜡像

髡等人为齐宣王所拟定的齐国统一天下后的具体制度
和措施。

由于齐宣王的大力支持，稷下学者们参政议政的
意识空前强烈，学术研究的自主性、创造性和积极性
异常高涨，出现了"致千里之奇士，总百家之伟说"
的盛况。

稷下学宫在其兴盛时期，曾容纳了当时"诸子百
家"中的几乎各个学派。其中主要的如儒、道、名、
法、墨、阴阳、小说、纵横、兵家、农家等学派的学
者们聚集在稷下学宫，围绕着天人之际、古今之变、
礼法、王霸、义利等话题，展开辩论，相互吸收，共
同发展，稷下学宫达到鼎盛，世称"百家争鸣"。

齐宣王时期的稷下学宫，其规模之大，人数之
众，学派之多，争鸣之盛，都达到了稷下学宫发展史
上的巅峰。这既是齐国政治稳定、经济繁荣的产物，

古代学生学习场景
蜡像

也是当权者重贤用士，思想开放所产生的必然结果。

公元前221年，齐国为秦所灭，稷下学宫随之消亡，但是秦朝设有七十员博士官的制度，据说是沿用了齐国稷下学宫的传统，而且，秦代的著名博士叔孙通，就号称"稷下生"。

稷下学宫是齐国君主咨询问政及稷下学者议论国事的场所，其根本目的就是为了利用天下贤士的谋略智慧，为其完成富国强兵、争雄天下的政治目标服务。稷下学者进言，齐王纳言，是稷下学宫作为政治咨询中心的一大特色，显示了稷下学宫的政治功能。

被稷下吸引来的稷下学者都有着积极参与现实的功业思想，他们高议阔论、竞相献策，期望自己的政治主张被齐国执政者所接受、采纳。

例如，淳于髡曾用隐语谏威王，使之戒"长夜之饮"，从消极悲观中振作起来，亲理国政，奋发图

邹忌（约前385年—前319年），战国时齐国大臣。以鼓琴游说齐威王，被任相国，封于下邳，称成侯。劝说齐威王奖励群臣吏民进谏，主张革新政治，修订法律，选拔人才，奖励贤臣，处罚奸吏，并选荐得力大臣坚守四境。齐威王重用他后齐国渐强。

■ 古代学生读书场景蜡像

《战国策》 西汉经学家刘向所著的一部国别体史书，又称《国策》，也称《短长书》。为当时纵横家即策士游说之辞的汇编。全书按东周、西周、秦国、齐国、楚国、赵国、魏国、韩国、燕国、宋国、卫国、中山国依次分国编写，分为12策，33卷，共497篇，约12万字。是先秦历史散文成就最高，影响最大的著作之一。

强；他又以"微言"说齐相邹忌，敦促其变法革新。齐宣王与孟子曾多次讨论政事，探求统一天下的途径。王斗曾直面批评宣王"好马""好狗""好酒"，独不"好士"，直到宣王认错、改错为止，"举士五人任官，齐国大治"。

在教育方面，稷下学宫具有培养人才和传播文化知识的性质，被后人称为"田氏封建政权兴办的大学堂""齐国的最高学府"，在教育史上的影响也是巨大的。

稷下学宫的教育功能，一是有众多的师生开展较正规的教学活动。《战国策》载田骈有"徒百人"，稷下最为前辈的学者淳于髡也有"诸弟子三千人"之称。如此师生济济一堂，定期举行教学活动。

二是稷下学宫有较严格的规章制度，有学者认为《管子·弟子职》篇当是稷下学宫的学生守则，里面从饮食起居到衣着服饰，从课堂纪律到课后复习，从尊敬老师到品德修养，都规定得详细严格。从此，可见当年稷下学宫的规章制度也是健全、严格的。

三是稷下学宫有独特的教育特点，游学是其主要的教学方式之一。学生可以自由来稷下寻师求学，老师可以在稷下招生讲学，即容许有学与教两个方面的充分自由。

这些游学方式的施行，使学士们开阔了眼界，打破了私学界限，思想兼容并包，促进了各种学说的发展和新学说的创立，大大促进了人才的培养和成长。稷下学宫便成为教育人才的中心。

在学术方面，稷下学宫的学者总是针对当时的热点问题阐述政见，他们学识渊博，长于分析问题，在表述上旁征博引，穷尽事理，具有一定的理论性和学术性。

同时，由于稷下学者学派不同，看问题的角度不同，解决问题的

■古代老师讲学腊像

■ 古代学生读书场景

法家学派 先秦、汉初主张法治的一个学派。法家主张强化君主专制，以严刑峻法治民。商鞅重"法"，申不害重"术"，慎到重"势"，而以商鞅为前期法家的主要代表人物。战国末期韩非综合各家之长，兼言法、术、势，形成法家思想。

方案有异，而会竞长论短，争论不已。在论争中，不仅充分展示了各自的理论优势，而且使学者们也认识到各自的理论弱点，促使他们不断吸收新思想，修正、完善、发展自己的学说，最终促进了稷下学宫在学术上百家争鸣的局面的形成，使稷下成为当时发展学术、繁荣学术的中心。

稷下法家学派把管仲的礼法并举的法治思想加以继承、阐发，形成了比较完整的法治思想。稷下法家提倡法律面前人人平等，执法公正，主张德刑相辅，法教统一，反对严刑峻法。

稷下黄老学派的基本体系是由稷下先生慎到、田骈、环渊等创造的，主要著作是《黄老帛书》和《管子》一书中的《白心》《内业》《心术》上下4篇以及《慎子》《田子》《蜎子》等。学术特征为道法结合、兼采百家。

儒家学派的代表人物是孟子和荀子。孟子曾两度游齐国，一次在齐威王时，留齐国至少3年之久。齐宣王时再度游齐国，为客卿，受上大夫之禄，留齐国10余年。荀子也曾到齐国游学，长期在齐国居住，至齐政权第七任国君齐襄王田法章时3次为祭酒，一直是学界领袖。

纵横家学派代表人物是淳于髡，在政治思想方面，他主张礼、法兼用而倾向法治。他以博学善辩著称，被齐威王立为"上卿"，赐"上大夫"之职，为齐国振兴和稷下学宫兴盛作出了杰出贡献。

名家学派的主要代表人物有尹文、儿说等。他们要求人们按事物的本来面目认识事物，"名"一定要符"实"，反对名实不符。儿说善于辩说，以"白马非马"之论折服了稷下学宫中众多的著名辩士。

稷下兵家学派对军事理论有深刻的研究，《司马法》《子晚子》就是在齐威王的组织领导下，由稷下兵家学派的学者编著而成的。此外，稷下学宫还有道家、农家、小说家等学派。

稷下学宫的创建与发展，在我国文化发展史上树起了一座丰碑，开创了百家争鸣的一代新风，促成了我国历史上第一次思想大解放、学术文化大繁荣的黄金时代的到来。同时，稷下学开启秦汉文化发展之源，对秦汉以后文化的发展与繁荣产生了深远影响。

阅读链接

春秋战国时期，群雄并起，称霸争雄，社会处于激烈动荡与变革之中。怎样实现由乱到治、由分裂到统一？实行王道还是霸道？稷下学者展开了大争论。

儒家大师孟子明确主张重王道轻霸道。"王道"，是依靠道德礼教而实行仁义，经仁义教化征服天下。"霸道"，是仗恃国家实力的强大，假借仁义的名义，来称霸诸侯，征服天下。孟子的学说，不仅在稷下学者中产生了重要影响，也成为了我国封建社会历代王朝所推崇的儒家思想。

汉代独特的官学鸿都门学

那是在西汉初年，梁孝王刘武由于好辞赋，门下招集了许多辞赋人才，从事创作，其中的司马相如、枚乘、吾丘寿王、淮南小山、邹阳，都是当时有名的人物。

梁孝王虚怀若谷，常和大家讨论辞赋，这对汉赋的兴盛起了直接推动的作用，也为后来鸿都门学的创立培养了人才。

公元前156年，16岁的汉武帝登基。为巩固皇权，在文化上采用了董仲舒"罢黜百家，独尊儒术"的建议，兴办太学。他还把一批有水平的文学艺术家招进朝廷供事。这些文人学士在政治上积极支持汉武帝的政

董仲舒建言汉武帝

策，在文学上又表现出非凡的学识与才能，因而受到重用和赏识。其中就有司马相如，他曾以《子虚赋》《上林赋》等作品得到汉武帝的赞赏。

到了东汉时期，汉灵帝刘宏爱好文学，书法。他引召太学生中能为文、赋者待制京城洛阳鸿都门下，以后又将许多善尺牍和工书鸟篆者都加以引召，当时已有数十人。178年2月，东汉灵帝下令创建了一所学院，以选拔人才。因校址设在洛阳鸿都门而得名。

■汉代讲学画像砖

文学和艺术的发展，是鸿都门学这所文艺专科学院创立的又一重要条件。

汉代的散文和辞赋一直被公认是我国古代文学史上光彩夺目的篇章。书法至汉代也有长足进步，它开始被人们视为一门艺术。汉代的绘画也很发达，以人物画为主，朝廷也借绘画来表彰忠臣义士。总之，文艺的发展，为文艺专门教育的产生，提供了条件。

我国古代取士除以儒经为主要依据之外，还有以诗文取士的，表现了重视人的才华的倾向。汉灵帝重用文学之士，正是后世文学取士的导源，这些都是他对我国古代教育发展所起的积极作用。

鸿都门学的学生是由州、郡、三公荐举，能为尺牍、辞赋及工书鸟篆者，经过考试合格方得入学，据

《子虚赋》是西汉辞赋家司马相如早期客游梁孝王时所作。此赋通过楚国之子虚先生讲述随齐王出猎，齐王问及楚国，极力铺排楚国之广大丰饶。主要张扬大国风采、帝王气象。此赋与《上林赋》构成姊妹篇，都是汉代文学正式确立的标志性作品。

八分书 隶书的一种,人们把带有明显波磔特征的隶书称为"八分书"。秦代上谷散人王次仲创造了"八分书"。据记载,割程邈隶字的八分取二分,割李斯的小篆二分取八分,故名为八分。后被汉代蔡邕简化为汉隶用作官方字体,有三体石经流传于世,人们称之为楷书,还有人称之为"真书"。

■ 模仿汉代学生

《后汉书·灵帝纪》说曾招"至千人焉",可见规模之大。

鸿都门学以尺牍、小说、辞赋、字画为主要学习内容。尺牍,是古代书信的名称,由于当时的书信都刻之简牍,规格为以尺一寸,所以称尺牍、尺翰、尺简、尺牒等,原来是一种实用文体,使用广泛。尺牍有一定书写格式,包括章、奏、表、驳、书等类,至汉代,尺牍中已有不少精彩散文,所以,学习尺牍,既有实用性,又有文学性。

鸿都门学所学的小说,是诸如神话传说、街谈巷语、志怪志人之作等。总之,鸿都门学以学习文学、艺术知识为主,不同于以儒学为主的其他官学。

鸿都门学的学生,大多是无身份地主及其子弟,都是士族看不起的"斗筲之人",他们以文艺见长而受灵帝的宠信,这些学生学成之后大多都被授予了高官，有些出为刺史、太守，入为尚书、侍中，还有的封侯赐爵。

鸿都门学一时非常兴盛，但延续时间不长，随着汉王朝的衰亡而结束。鸿都门学虽然设立时间不长，却出了一些著名的书法家，他们主要擅长鸟篆和八分书，代表人物有师宜官、梁鹄、毛弘等。

■汉代学生装束

鸿都门学不仅是我国最早的专科大学，而且也是普天之下创立的最早的文艺专科大学。鸿都门学开设的辞赋、小说、尺牍、字画等课程，打破了专习儒家经典的惯例，改变以儒家经学为唯一教育内容的旧观念，提倡对文学艺术的研究，是对教育的一大贡献。

鸿都门学招收平民子弟入学，突破贵族、地主阶级对学校的垄断，使平民得到施展才能的机会，也是有进步意义的。

鸿都门学的出现，扶植了文学艺术的发展，为后来特别是唐代的科举和设立各种专科学校开辟了道路。

阅读链接

汉灵帝为了筹建鸿都门学，可以说是煞费苦心。他曾多次下诏，征召民间名儒和各方面有专长的大家，前来担任鸿都门学博士，为鸿都门学士子讲学。

在当时，很多所谓的名儒对鸿都门学的建立有一种强烈抵触情绪，特别是鸿都门学所招收的学生和教学内容都与太学相反；而民间名儒也大多拒绝灵帝的征召，或以各种理由为征召开脱。汉灵帝因此大怒，下诏凡拒绝征召者，朝廷以后将永不录用。可见汉灵帝用心之良苦。

唐代创建的岭南龙川学宫

公元前203年，赵佗创立了南越国，自号"南越王"。公元前196年，汉高祖下诏封归顺汉王朝的南越国国王赵佗为"南越王"。从此以后，赵佗重视传入中原汉文化和先进生产技术，并融合越地社会，使岭南生产发展，人民安居乐业。也就是从赵佗开始，岭南有了文明的标志。

岭南文化具有丰富的内涵，获得了相应的缤纷表现。岭南学术思想，吸取由中原相继传入的儒、法、道、佛各家思想并进行创新，孕育出不同风格的思想流派。

赵佗催发岭南文明发祥萌芽后，作为岭南地区最早设置的县份之一，龙川很早就开始重视人文、

■赵佗雕塑

教育的传承与延续。

到了唐代，龙川就创建了学宫。宋代多有本地及客寓龙川的饱学之士建立书院。明清时更是普设社学、义学。

学宫是各地祭祀孔子并由唐时起同时为国家培养人才的地方，成为地方官学的泛称，担负传承文化、施行礼乐的教化职能。由于龙川是客家古邑，通行客家话，龙川学宫自然就成为历朝客家人祭孔的地方。

■岭南地区的古学堂

1000多年的风雨沧桑，龙川学宫多有变迁。龙川学宫始建于唐，南宋时一些循州官员都对学宫修葺过。1281年，龙川学宫遭到兵燹。至明代前期，当地官员重建学宫，规制悉备。

到了清代顺治年间，龙川学宫又被攻城的贼寇毁坏。原学宫还有照壁、泮池、戟门、东庑、西庑，后世留存的大成殿、明伦堂、尊经阁都是清政府在1668年重建的。

重建后的龙川学宫，由照壁、长廊、棂星门、泮池、拱桥、东西庑、大成殿、明伦堂、尊经阁等组成。由于年久失修，部分被毁坏。现存大成殿和明伦堂、尊经阁等。

大成殿坐北朝南。面宽五间26.56米，进深4间24.40米，高18米。面积达440平方米。歇山顶，重檐

■科举考场

漆金 古代装饰工艺之一，施用于古代家具以及家居装饰中。我国古代漆金给人灿烂富丽之感，图案繁密，显得富丽张扬。明清时期的漆金工艺多用油彩描金的手法，多描绘出山水人物。如清代的漆金家具造型稳重，用料较多，一般大面积地用各种花纹图案装饰。

四出，穿斗与抬梁混合式屋架，檐下四周斗栱重叠出跳，梁柱上有凤、鸟、鱼、龙各式漆金雕刻，显得古朴大方。

清嘉庆时期，由嘉庆御书的"御颁至圣先师大成殿"的金匾悬挂于正殿门枋上。在金匾的正面，有卷棚式通廊，石柱造型、梁架结构，具有明显的清代风格。

大成殿的周围石柱上不设斗栱，直接顶托着檐枋。在上檐下施斗栱多组。梁架和斗拱间雕刻有莲花、龙头、卷云等纹饰。重修后的龙川学宫基本是修旧如旧，整体色调沉稳。

在大成殿里，"至圣先师"孔夫子端坐在清康熙帝御书"万世师表"金字牌匾下，双手交放虚拱于胸前，面容肃穆。

当年，孔子曾经让学生各自说出自己的理想，曾点说了他的理想生活："暮春的时候，穿着春天的服装，约上五六个成年人，六七个孩童，一起到沂水边去洗澡，到舞雩台去吹风，再唱着歌走回家。"孔子叹着说："我赞成曾点的想法啊！"孔子"致君尧舜上，再使风俗淳"的精神动力，由此可见一斑。

明伦堂是龙川学宫的讲堂。体现了我国古代学宫明伦堂居中的基本建筑格局。在这里，古时有众多的青少年认真地跟着老师学习"六艺"。

明伦堂再往里，便是尊经阁，里面藏的都是经史子集等各类儒家经典。这是古代学子们用于学习的教材和参考资料。

龙川学宫整个建筑宏伟庄严，站在大成殿门前，仰望苍穹，鸿飞冥冥。不禁使人深切感受到儒家"为天地立心、为生民立命、为往圣继绝学、为万世开太

牌匾 我国独有的一种商业语言、文化符号。是融汉语言、汉字书法、中国传统建筑、雕刻于一体，集思想性、艺术性于一身的综合艺术作品。它广泛应用于宫殿、牌坊、寺庙、商号、民宅等建筑的显赫位置，向人们传达皇权、文化、人物、信仰、商业等信息。

■唐代放榜图

唐代学习雕塑

"平"的济世壮怀。

在龙川学宫的西门，建有一座考棚。龙川考棚是为数甚少的科举考试场所，这为研究明清科举考试提供了宝贵的实物资料。自龙川创建考棚后，当时和平、连平、紫金、兴宁、五华等县的不少童生都到此赴考。

自唐以来，龙川地区人文蔚起，科第蝉联。据统计，自唐至清，计有进士28人，举人112人，贡生164人，秀才2000多人。

考棚里几根并不粗大的木柱支撑着高高的瓦面，考棚每一个窗口都对应有一个高2米、宽1米、深1.3米的号房单间。这是考生日间考试、夜间住宿的地方。清末废除科举后，这里做了学堂。

阅读链接

胡宗宪是一位在龙川佗城学宫名流千古的人物，1538年中进士之后，官至兵部尚书。胡宗宪从44岁到50岁短短的6年间，以他的雄才大略，至1562年，取得了抗倭斗争前所未有的胜利，浙江的倭患基本平息，开始剿灭福建的倭寇，他为大明社稷立下了赫赫的战功。戚继光是胡宗宪一手培养的抗倭名将，历史学家称"没有胡宗宪，就没有戚家军"。沈明臣、文徵明、徐文长等一大批著名画家、文学家投奔到他的麾下，成了他的幕僚、智囊团。

胡宗宪身上集中了诸多古代儒将的优点，他善于用人，精通谋略，冲锋陷阵，冒死报国，功绩在主持抗倭的诸位大员中当推第一，为我国人民反对外来势力侵扰做出了杰出贡献，作用颇大。

宋代创建的肇庆高要学宫

那是在广东省的中部，有一个名为高要的地方，是西江中下游的政治经济文化交流的枢纽。这里有着悠久的历史和灿烂的文化，人文荟萃，英贤辈出。

早在唐代，高要就出现了一代禅宗大师陈希迁，在六祖慧能门下出家。在其后的禅宗五家，曹洞、云门、法眼三家的传承都源于陈希迁。

到北宋时期，宋徽宗爱好笔墨、丹青、骑马、射箭、蹴鞠，对奇花异石、飞禽走兽有着浓厚的兴趣，尤其在书法绘画方面，更是表现出非凡的天赋。上行而下效，在宋徽宗的影响下，整个天下都散发着浓浓的文化氛围。

在高要，为了迎合当时的书画氛围，

■宋徽宗画像

开间 在住宅设计中，住宅的开间是指相邻两个横向定位轴线间的距离。因为是就一自然间的宽度而言，故又称开间。住宅的开间在住宅设计上有严格的规定。规定较小的开间尺度，可缩短楼板的空间跨度，增强住宅结构整体性、稳定性和抗震性。

培养国家栋梁，政府出资兴建了高要学宫，后经多次重修，规模日臻完备。

高要学宫四周筑以石栏，大门左侧有一棵300多年的古榕巨树，苍翠葱茏，遮天蔽日。再进里面有树牌坊4个，分别为"崧山起风""端水蛟龙""崇儒""贞教"，中间为青云路，路尽处两旁有贤关、圣域两坊，连接入学宫通道。

高要学宫占地面积488平方米。学宫的头门称文明门，二门上榜书"黉宫"。三孔桥下是泮池，通过大成门。门内为丹墀，丹墀北面是大成殿。殿前东西两侧为庑廊。殿后有尊经阁、明伦堂、名宦祠、乡贤祠、敬一亭等。

大成殿五开间23.5米，高12.3米，木结构建筑。全殿竖36根大楠木柱，柱础为石质花篮形。柱顶为斗

■高要学宫大成殿

高要学宫学生上课场景

拱24组，下檐斗拱32组。下檐正立面除柱头置斗拱外，正间置铺作斗拱2组，次间置铺作斗拱1组。

殿宇高大庄严，雕梁画栋，结构严谨，是一座富丽堂皇的古建筑，保留了明代的建筑风格，是民族艺术的瑰宝，所以历代都得到政府部门的重视，社会名流、达官贵人、各界人士及富家子弟也纷纷自愿捐资修缮。

明代御碑竖立于高要学宫大成殿的西侧走廊。这是6块十分珍贵的明代石碑，这组石碑绝大多数是明代嘉靖皇帝朱厚熜亲笔御书。

其中一块较为高大的是晕首竖碑，篆书题额有"御制"两字。"御制"是指碑文是由皇帝所写的意思。

"御制"大碑宽1.16米，高1.98米。碑文为明嘉靖皇帝所作的"敬一箴"及序，箴即箴言，是一种字数相同，讲究工整押韵，内容以规劝告诫为主的文体。

此箴言由4字一对组合为8字一句所构成，共36句288字。言简意赅，琅琅易诵。嘉靖皇帝在序中写道：

■ 程颐画像

朕因读书而有得焉，乃述所以自勖云。

落款为"嘉靖五年六月二十一日钦文之玺"，也就是公元1526年，在《明史》有相关的记载。

另外还有5块篆额"宸翰"的碑文，则是嘉靖皇帝抄录。"宸"是指帝皇居所，"翰"则指文章。这些碑是"程子视箴""程子听箴""程子言箴""程子动箴"和"宋儒范氏心箴"碑，并在其后作注解，通俗地讲就是读过5条箴言后所写的心得体会的文章。

"程子"碑是"钦奉敕旨"，榜文卧碑，碑文纵列正楷字体，约1500字，叙述条文12例，是明代宪宗皇帝朱见深于1479年颁发全国各学府的条例。

程子，即程颐，字正叔，是我国北宋时期的哲学家、教育家。世称伊川先生，洛阳人。官至崇正殿说书，讲学达30余年，其学以究理为主，并主张"涵养须用敬，进学在致知"的修养方法，目的在"去人欲，存天理"为名教纲常辩护。其学说后来为朱熹所继承和发展，也称程朱学派。

"宋儒范氏心箴"碑中的宋儒范氏，即范浚，字茂名、一作茂明。宋代兰溪人。绍兴年间因秦桧当政，范便辞官不赴任，而闭门讲学，笃志研究，著有《香溪集》，学者称他为香溪先生。

这些碑刻既增添了高要学宫的文物遗存，可供人欣赏，又为明代嘉靖皇一朝注重道德规范教育提供了实物见证，对研究肇庆、高要等地的石刻、书法技艺都有着珍贵的历史、艺术价值。

大成殿最后一次修葺是在清代道光年间，后来，人们把这座广东仅存的明代府级学宫的大成殿加固维修，许多建筑方面的大家特意前来指导。

在这次修葺中，高要学宫重新立起了孔子塑像，增设了大型展柜，使大殿的面貌焕然一新。

大成殿，富丽堂皇，殿内大型展柜的柜内陈列了300多件文物，琳琅满目，给后人以启迪。尤其是大成殿中重新立了我国古代大思想家、教育家孔子的塑像，供人瞻仰，大殿西面的走廊保存着明代碑廊竖立着十分珍贵的明代御碑。

高要学宫整座建筑布局，保留了明代我国南方的建筑风格，是我国民族艺术的瑰宝，具有很好而又深远的历史研究价值。

阅读链接

据《明史》记载，明嘉靖皇帝朱厚熜执政早期整顿朝纲，被称为"中兴时期"。在执政时期，嘉靖皇帝为了教化天下，稳固政权，总是以身作则，激励天下士子学人，严于律己，遵循儒学。

为了以维护"三纲五常"伦理道德的理学思想来影响社会风气，嘉靖皇帝特将自己所作的"敬一箴"和所注解的"视、听、言、动、心"五箴言以统一格式颁行天下，立石于全国各地的学宫里。从高要学宫中发现的明代碑刻，正是这一历史事实的最好见证。

明代创建的河南汝州学宫

明王朝建立之初，明太祖朱元璋对元行省作了很大的改革，改省为"承宣布政司"，只管民政，省下设郡、县。当时的汝州仍为南阳府管辖，改革后将梁县省入汝州，领郏县、鲁山两县。

明太祖朱元璋铜像

明太祖朱元璋

汝州地处中原，历史悠久，人才荟萃，早在神话传说中的"三皇五帝"时期，汝河流域是华夏文明的中心地带。

自汉代以来，历朝历代都推行"独尊儒术"的文化政策，唐代以来官府开始在各地建造学宫，遍及普天之下的各个地方。

到明代洪武年间的1370年，汝州建立起了一座学宫，取名为汝州学宫，是当时汝州及周边地区学子

■明代考生雕塑

们上课的地方，也是培育人才的重要场所。

汝州学宫又称黉学，是古时童生、秀才们学习、聚会的地方，位于汝州市区望嵩中路东侧，面向中大街，北抵火神庙街，与文庙相互连通成为一片密不可分的建筑群。学宫、文庙建筑群是汝州地区规模最大的古建筑群。

据明代《正德汝州志》记载：汝州学宫学基在元代忠襄王祠堂，明洪武年间的1370年改建为学宫，后于明永乐年间的1416年重修。明崇祯之后两次被毁，"殿庑渗漏……墙壁多颓"。清代又再次重修。

汝州学宫南北长325米，主体部东西宽50余米，加上其他占地，总面积20870平方米。其大门叫"永和门"，取其和平、和睦、和气的寓意，也是孔子一生历尽艰辛、周游列国所追求的目的。

汝州学宫东西各附一跨院，其特点为：建筑排列

承宣布政司 为明清两朝的地方行政机关，前身为元朝的行中书省。意涵取自"朝廷有德泽、禁令、承流宣播，以下于有司"。明代时承宣布政使司为国家一级行政区，是承宣布政使的辖区，简称布政使司、布政司、藩司，而不称"行省"。在正式的文件中，为避免使用元朝的"行省"一词，所以在地名下加"等处"。

105

天下书声

历代学宫

■明代考生服装

有序，中轴线明显。主要有文明坊、大成殿、启圣宫，此外，还有明伦堂、大成坊、名宦祠、乡贤祠等大小殿堂116间。

文明坊面阔3间，进深6.3米，为过廊悬山式建筑，是古代学子在汝州学宫上课的教室。

大成殿是汝州学宫中最大也是最重要的建筑，供奉儒家学说的创始人孔子。"大成"的称呼出自《孟子》，意思是孔子整理三代至周公的学问并删诗书、订礼乐、赞周易、修春秋，是集大成的学者。

大成殿为单檐殿式，面阔5间，进深2间，进深8米，开间面宽4.38米，东西次间面宽3.35米，东西梢间面宽3.1米，绿瓦兽吻，飞檐斗拱，气势雄伟，庄严肃穆，颇具权力象征。

大成殿的建筑风格为单檐庑殿顶，面阔5间，进深10米，单檐庑殿顶仅次于故宫太和殿，清代雍正年间，皇帝特批孔庙可以使用全部黄色琉璃瓦，用绿色琉璃瓦"剪边"，反映了孔子高贵的级别和地位。

这座高台叫作祭台或拜台，是祭祀和歌舞的场地，清代时要按照皇帝钦定颁行祭孔祀典，表演乐舞颂扬孔子业绩，台基的高度在古代有严格规定，天子9尺，诸侯7尺，大夫5尺，士3尺，一尺约20厘米，这

进深 指建筑物纵深各间的长度。即位于同一直线上相邻两柱中心线间的水平距离，各间进深总和称通进深。在建筑学上是指一间独立的房屋或一幢居住建筑从前墙壁到后墙壁之间的实际长度。进深大的房屋可以有效地节约用地，但为了保证建成的建筑物有良好的自然采光和通风条件，进深在设计上有一定的要求，不宜过大。

个台阶接近于古代诸侯7尺。

屋脊上排列的动物称为"走兽"或者"走投无路"，是从固定檐角瓦片的瓦钉演化而来，后来对钉帽美化过程中形成各种动物形象，用作装饰建筑和标示等级，数目越多级别越高，最多为十个，大成殿上面安了6个。

屋顶和墙之间的木结构叫作斗拱，是我国古代建筑独特的构建，方形为斗，弓形为拱，用来支撑和装饰建筑，级别越高层数越高，制作越复杂。

石狮是作为艺术装饰的守卫之神，又可以显示主人身份的高贵，一般门东边狮子脚踩绣球，为雄狮，俗称"狮子滚绣球"，门西边狮子脚下抚一只幼狮，寓意子孙昌盛，俗称"太狮少狮"。

狮子头部鬈毛的数目象征封面官府等级，一品官门前狮子有13个，称为十三太保，七品官以下不准安

单檐庑殿顶 其外形即重檐庑殿顶的上半部，是标准的五脊殿，四阿顶。这种顶式是清代所有殿顶中最高等级。这种殿顶构成的殿宇平面呈矩形，面宽大于进深，前后两坡相交处是正脊，左右两坡有四条垂脊，分别交于正脊的一端。故宫中配庑的主殿，如体仁阁，弘义阁等均是。

107

天下书声

历代学宫

■赶考考生雕塑

文房四宝 我国独有的文书工具，即笔、墨、纸、砚。"文房四宝"之名起源于南北朝时期。历史上，文房四宝所指之物屡有变化。南唐时的文房四宝特指诸葛笔、徽州李廷圭墨、澄心堂纸、婺源龙尾砚。自宋朝以后，文房四宝特指湖笔、徽墨、宣纸、端砚和歙砚。

放石狮，而孔子地位比一品官还高，狮子底座正面雕刻瓶、盘和三支戟，象征平升三级，右面雕刻牡丹和松柏象征富贵长春，左右雕刻文房四宝象征文采风流，背面雕刻太极八卦图，象征镇妖驱邪。

殿门门口的对联也是雍正皇帝撰题的，写于1729年。对联写道：

> 德冠生民溯地辟天开咸尊首出
> 道隆群圣统金声玉振共仰大成

上联的意思是，孔子的思想和道德自开天辟地有人类以来，一直被尊为第一；下联的金声玉振指奏乐的过程，比喻孔子善于把单个音符按照音律组成美妙的乐章，意思是孔子能够将古代圣贤的美德集于一身，自成体系，形成完备的学术思想。

殿门上匾额上的"生民未有"4个大字，也是清雍正皇帝亲颁御书，意思是千古年来，从未有过像孔子这么至高无上的圣贤之士。

大成殿内正中供奉孔子塑像，头戴十二旒冠冕，身着有十二章纹样的王服，手持玉圭，是孔子被人们神化的形象。孔子作为春秋时期的政治

■ 状元及第泥偶

家、思想家、教育家，终其一生，开创儒家学说仁学

■明代填榜图

思想体系，不仅巩固了封建社会统治基础，也为中华

民族留下宝贵的精神财富和重要的文化遗产。

　　塑像上首悬挂着清康熙帝亲笔御题的"万世师

表"牌匾。康熙皇帝曾于1684年到曲阜祭礼，特书

"万世师表"匾额，意思是孔子永远是世人的老师，

千秋万世都是人们学习的楷模。并命令全国各地的文

庙将题词刻成牌匾悬挂在大成殿。汝州学宫的"万世

师表"是康熙皇帝颁给孔庙的首方。

　　孔子塑像左右两侧供奉的是"四配"，分别是

"复圣"颜回，"宗圣"曾参，"述圣"孔伋，"亚

圣"孟轲。他们都是发展儒家学说的有成就的学者。

　　大成殿内部屋顶有根圆木叫作大梁或者横梁，是

我国传统木结构建筑中骨架的主件之一，承载整个建

筑物的荷载，墙壁只起围护分隔的作用，因此我国古

玉圭 也叫"珪"，长条形，上尖下方，我国古代的一种玉器，是古代帝王或诸侯朝聘、祭祀、丧葬时所用的玉制礼器，也是古代天子颁给诸侯作为凭信的信物。有大圭、镇圭、桓圭、信圭、躬圭、谷璧、蒲璧、四圭、祼圭的区别。

■古代讲课场景复原塑像

建筑可以墙倒而屋不塌。

大成殿天花板平顶凹进去的部分绘有二龙戏珠，称为藻井，含有我国风水学中以水克火的寓意，用来预防火灾，正中刻有"清嘉庆十六年重建"字样，说明这座大殿最后一次重修的时间是在1811年。

启圣宫是孔庙供奉孔子父亲的地方，为单檐硬山式建筑。后来，人们又对汝州学宫进行了整修，重修了明伦堂、乡贤祠等，基本上都为明清时期的建筑。其整个建筑群布局合理，保存基本完整。

阅读链接

张维新是明代汝州学宫出的一位进士，从1577年中进士后被任命为山东冠县县令，因政绩突出升为给事中，在宫中的兵、礼两科先后任职，负责侍从、规谏及稽查六部百司等事。

张维新不阿权贵，敢于对社会弊端条陈上疏，对皇帝直述己见。曾大胆揭发考场中的舞弊现象，又谏议停止宫内太监们无谓的"内操"，对廊清考场、严饬宫禁起了一定作用。他还荐用正直无私的邹元标、孟一脉等人为提意见的"言官"，使一些宵小咋舌，佞人敛足，促进了朝政的改革。

广东学宫

　　广东在历史上的发展曾落后于中原，但明代中后期便加快了发展步伐，到清代已整体跻身于先进地区行列。广东能够迎头赶上，最关键的原因在于，这一时期的管理者重视教育，培养出了大批栋梁之材，他们为广东的发展做出了巨大贡献。

　　在广东教育史上，学宫的创办和发展，加快了广东地区整体发展的步伐。像揭阳学宫、德庆学宫、番禺学宫、长乐学宫、罗定学宫等，都是广东古代重要教育机构。这些学宫历史悠久，保存完整，人文气息浓厚。

浓缩儒家精髓的揭阳学宫

　　南宋高宗赵构统治时期的1140年将揭阳设置为县，为了教化民众，不久又下令建造了揭阳学宫。

　　揭阳位于今广东东南部，这里有广阔肥沃的榕江冲积平原和滨海沉积平原，是潮汕文化的发祥地。榕江风光旖旎，水运便利，早在唐代的时候，揭阳已经成为了连接各港口和附近邦国的著名通商口岸。

■ 赵构（1107年—1187年），字德基，为宋徽宗第九子，宋钦宗之弟，曾被封为"康王"。赵构是宋王朝第十位皇帝，南宋第一位皇帝，在位35年。他精于书法，善真、行、草书，笔法洒脱婉丽，颇得晋人神韵。著有《翰墨志》，传世墨迹有《草书洛神赋》等。

世或有謂神仙可以學得不
死可以力致者或云上壽百
二十古今所同過此以往莫
二十古今所同過此以往莫
非妖妄者此皆兩失其情試
順妖每專一生乎若區生以往羑
粗論之夫神仙雖不目見然
記精行之士神仙雖不目見然

宋高宗在揭阳建造学宫，不仅出于教化民众的政治考虑，其实也和他本人的文化修养有关。宋高宗精于书法，善真行草书，笔法洒脱婉丽，自然流畅，颇得晋人的神韵。明代陶宗仪在《书史会要》中称：

高宗善真行草书，天纵其能，无不造妙。

宋高宗的书法影响了南宋的书坛，也为揭阳学宫的教学注入了弘扬传统的活力。

当时的揭阳学宫，为南宋政府培养了大批人才，据《揭阳县正续志》记载，从1140年到1247年，揭阳学宫培养出的进士有翁舆权、林大受、郑国翰、陈式、林绍坚、王中行、陈应侑、叶少颜、孙少勉、彭拱宸等。可见当时揭阳学宫的教育实力，以及它所体

陶宗仪 字九成，号南村，浙江黄岩人，历史上著名的史学家、文学家。1348年，赴考进士落第后，他便出游浙东、浙西，向张翥、李孝光、杜本学习经文诗词，向舅赵雍学书法。后入赘松江郡漕运粮万户费雄家，与妻元珍客居泗泾南村，筑草堂以居，开馆授课。

■揭阳学宫孔子像

县学 旧时供生员读书的学校，是我国古代对生员进行教育的初级阶段。在科举制度时代，童试录取后准入县学读书，以备参加高一级的考试，称之为"进学""入学"或"入泮"，士子则称为"庠生""生员"，俗称为"秀才"。

现出的儒家文化精髓。

揭阳学宫从宋至清，经过规模不同的35次修缮、调整和扩建。清代经过修缮和改建扩建以后，形成了后世的中轴线为孔庙、东西为县学及配套设施的三路建筑格局。总面积为20020平方米，仅次于山东曲阜孔庙。

揭阳学宫最后一次大规模重修和扩建是在清光绪年间的1876年，由当时的知县夏献铭主持，历时5年，耗资白银近2万两。这次重修奠定了揭阳学宫的格局，建筑手法是在原有宋代和明代建筑基础上继承和发展，形成了庙、学相结合的建筑风格。

揭阳学宫的整体建筑设计手法，主要是通过建筑群体所形成的环境来达到表现孔子丰功伟绩和儒学高深博大的目的。

揭阳学宫采用中轴线布局，高台基殿堂式结构。

主要建筑物有照壁、棂星门、泮桥、泮池、大成门、东西庑、大成殿、崇圣祠等。主体建筑均为高台基、大圆柱、红瓦绿檐，造型富丽堂皇，庄严肃穆，是广东同类建筑物中规模较大、保存完好的一座，具有较高的科研价值和艺术水平。

据说揭阳学宫最初建成的时候，最前列的建筑物是南端位于韩祠路头的"腾蛟"和"起凤"二亭，可惜的是，这两个亭子后来由于一些原因被拆毁了。

照壁位于两亭中间，是后世留存下来的学宫的最前列建筑，照壁嵌有一方花岗石刻横匾，上有被揭阳人列为五贤之一的明代兵备道楚人杨芷所书"太和元气"4个大字。

照壁分为3间，中间为明间，正面镌嵌瓷雕"鲤跃禹门图"。鲤跃禹门也叫鲤跃龙门，是大禹在治水期间引发许多鲤鱼被冲出大禹门，只要这些鲤鱼们可以越过龙门便可以化龙飞升。后来在科举时代，参加

照壁 也叫影壁，古称萧墙，是我国传统建筑中用于遮挡视线的墙壁。古代人认为自己的住宅中不断有鬼来访，影壁能让鬼看到自己的影子，会被吓走，保护住宅中的人。影壁还可以遮挡住外人的视线，烘托气氛，增加住宅气势。影壁可位于大门内，也可位于大门外。

■揭阳学宫照壁图

会试获得进士功名的，也被称作"登龙门"。

鲤鱼跳龙门，既是这个优美传说的形象表述，更寄托着祈盼飞跃高升、一朝交运的美好愿望。尤其是那些指望子弟靠读书应试博取功名前程的人家，都把它当作幸运来临的象征，所以学宫照壁上的"鲤跃禹门图"足以折射出这里的学术氛围。

在鲤跃禹门图两边次间的图案，左右各雕鹿鹤相望，鹿开口而鹤含筹，十分精美。

学宫的棂星门是纯石结构，被5根石柱间隔为5个门，柱顶端为宝顶，两侧皆为云枋龙首。进入棂星门，即为泮池。泮池两侧各门以通左右建筑，右为"金声门"，左为"玉振门"。

过泮池拾级而上，即为大成门。屋脊正中置一蓝色宝瓶，左右各塑一鳌鱼吻脊。"宝瓶"与"保平"谐音，取的"保境平安"之意。

大成门两侧各有一厢房，东为"名宦祠"，祭

天井 宅院中房子和房子或房子和围墙所围成的露天空地。一般为单进或多进房屋中前后正间中，两边为厢房包围，宽与正间同，进深与厢房等长，地面用青砖嵌铺的空地，因面积较小，光线为高屋围堵显得较暗，状如深井，故名。

■揭阳学宫大成门

■揭阳学宫大成殿

祀历代来揭阳当官而政绩显赫的人物。西为"乡贤祠"，祭祀历代揭阳籍有名声的官员，面阔各3间。其次左右又有库房各一间，形成倒座。

从大成门跨过一个天井就是学宫的核心建筑，即大成殿。作为孔子神像所在地，大成殿不仅是揭阳学宫的核心，也是庭院的主体，体量高大，造型华美。

大成殿台基高达1.4米，殿身面阔5开间，总面阔21.93米，四进深，总深21.35米，平面近正方形。四周筑以回廊，殿前设宽15.2米、深7.14米的露台。

露台是古代举行祭孔乐舞的地方，也是孔庙必不可少的配套建筑之一，露台正前方设御道石。御道石不设踏跺，以示对孔子圣像的尊重，人们只能从远处瞻仰。

大成殿殿身以梁柱为骨架，梁架结构为穿斗式。整座大成殿共用花岗岩石柱36根，中间金柱为圆形峻柱，其他部位为方柱。

厢房 在正房前面两傍的房屋。四合院在建筑上有一套固定的规格：北面是正房，东西是厢房，南面是倒座，东西南北四面都是房子，中间是天井，整体由廊子贯通。一般坐北朝南，北边的就是正房，南边是南厢房，东边的房子叫东厢房，西边的叫西厢房。

■揭阳学宫木雕金漆盘龙柱

曾子（前505年—前435年），姓曾，名参，字子舆，16岁拜孔子为师，勤奋好学，颇得孔子真传。积极推行儒家主张，传播儒家思想。他的修齐治平的政治观，省身、慎独的修养观，以孝为本的孝道观影响我国两千多年，著述《大学》《孝经》等，后人尊他为"宗圣"。

大成殿屋顶为歇山二重檐，全部盖以琉璃瓦筒和土红瓦板，绿琉璃剪边。殿内的4根大石柱上，盘踞着四条木雕巨龙，栩栩如生。

大成殿前天井两侧分别是东西庑，原为供祀历代继承发掘孔子儒家学说而较有成就的历代先儒的牌位。

大成殿周围的门、庑、殿、阁设计非常讲究，其高低、大小、简繁、华朴、阴暗都表现有主次和秩序，都在竭力突出大成殿的高大地位。

大成殿还悬挂有历代皇帝御颁的匾额，如："万世师表""生民未有""圣集大成""与天地共参"等。正殿塑大成至圣先师孔子像，左设复圣颜子、宗圣曾子，右设述圣子思子、亚圣孟子，圣殿前左右列12尊先哲。

整座孔庙布局对称、规则、方正、直线，从而形成一种极为庄严肃穆的布局形制。各座单体建筑之间，局部和整体之间，既有变化，又相协调。各部分又互相衬托，渐变多余突变。联系多于对立，这种布局手法，正是孔子儒家学说所提倡的中庸、和谐、温和理念在建筑布局上的体现。

揭阳学宫普通使用的木雕、石雕、贝雕和嵌瓷等装饰工艺，既精湛又富有地方特色，历来深得行家的称赞。

揭阳诗人东篱香有词一阕，为《调寄〈江城子〉》，词中专赞揭阳学宫。这首词写道：

> 崇阶玉殿焕辉煌，转庑廊，仰祠堂，
> 瑞霭氤氲，飞凤逐翔凰；锦鲤文鳌争活跃，
> 云化彩，日升光。
> 海滨邹鲁称名邦，水共山，气泱泱，
> 人杰地灵，华国有文章。几度沧桑都过尽，
> 添绿树，护红墙。

揭阳学宫作为儒学的教育场所和朝廷的教育机构，按照典制必须配定师职和学额，但府、县志中对宋元时期这方面的记载不详，到明清时期才有较详细的记载。明代学宫县学配设有教授、教谕、训导各1

中庸 是儒家的道德标准，中庸的重点在于"中""庸"二字上，"中"位于中间，不离两边，不走极端。这说明待人接物不偏不倚，调和折中。因时制宜、因物制宜、因事制宜、因地制宜，所以儒家是比较完满的，其理论的根源源于人性。这些出自《论语·雍也》："中庸之为德也，其至矣乎。"

■揭阳学宫文昌祠

人。清代只配设教谕、训导各1人。

在揭阳学宫任教职的人员多为贡士，只有少数为监生、举人、进士、儒师。至于学额，据清乾隆《潮州府志·学校》记载，揭阳县学岁试原额入学文童15名，武童15名，科试文童入学15名，清雍正时广额20名。清乾隆时建丰顺县乃割揭阳学额2名入丰顺，额定18人。而在清光绪《揭阳县续志》中提到清咸丰时广额1名，共19名，是当时潮汕各县中最多的。

揭阳学宫推崇"忠君尊孔"，课生员以经史律诰礼仪，朔望习射，日习名人法帖500字，习九章法。明代以后，学宫仅办春秋祭祀习礼及生员晋拔事宜，讲习考课诸事悉归书院。县学生员每3年考两次，第一次称岁考，第二次称科考。

岁考和科考都分为6等，岁考成绩优秀者可以晋升为廪生、增生，科考成绩优异者列为"科举生员"送省参加乡试。另外，县学每2年取一名岁贡生，每12年取一名拔贡生。

学宫是培养人才的场所，科举是选拔人才的途径，科举的鼎盛证

揭阳学宫明伦堂

■揭阳学宫崇圣祠

明学校教育的成功。揭阳学宫作为当时社会揭阳的唯一官学，学宫肩负着培育科举人才的重任。自宋代揭阳开辟学宫为县学以来，揭阳科举人才不断增多。

据不完全统计，宋代揭阳中进士14人，元代2人，明代32人，清代文进士10人，武进士14人，明清两代揭阳中举人近300人，可以说是代代有人才。

揭阳学宫不仅浓缩了千年儒家文化精髓，而且是广东同类建筑规模最大、保存最完好的，人们称之为"粤东古建筑的一颗明珠"。

阅读链接

每年8月下旬，揭阳学宫都会举办"开笔礼"活动，这是中华传统文化中对少儿进行开始识字习礼的一种启蒙教育形式，对每个读书人来讲都有重大意义。参加活动的孩子们正衣冠、朱砂开智、拜谒圣像、诵读《弟子规》、击鼓明智、启蒙描红、接受孝德教育。这些都突出了尊孔祭孔、传承尊师重教的传统美德。

每年春、秋、冬三季举行的传统祭孔活动，是学宫的标志性活动，也成为集体缅怀先圣、继承优良传统、弘扬中华美德的方式。

木构建筑瑰宝的德庆学宫

　　相传在很久以前，有一次皇上出巡来到广东西部一个叫作康州的地方，当地的知县为了讨好皇上，就叫全县种橘子最好的德哥和庆妹拿橘子过来。皇上和皇后吃得好开心，于是就说："朕三个月后来到，一定要吃到与众不同的橘子。"

■德庆学宫牌匾

就在皇上回宫的那天，德哥、庆妹他们结婚了。洞房那晚，他们满脑想着皇上说的话，翻来覆去睡不着。德哥突然想到：你嫁我娶，可不可以把橙接到橘子上呢？经过很多次的实验，他们终于成功啦！

3个月后，皇上果然带着皇后来到了康州，这时德哥和庆妹一起把贡金拿上给皇上和皇后吃。皇上品尝之后说："好，这橘子果然与众不同，它叫什么名字啊？"德哥和庆妹慌忙说还没有来得及取名字，请皇上赐名。

听了德哥和庆妹的话，皇后说："既然没有名字，就叫作皇帝贡金吧！"

"好！就叫皇帝贡金！"皇上高兴地说。

皇帝为了奖励德哥和庆妹，就说："以后，康州就改名叫作德庆。"于是，康州就改名成了德庆。

这个故事只是人们口口相传的。其实在宋代，这个地方还是被称为康州。

1011年，宋真宗赵恒下令在康州置孔子庙，建于子城东五里的紫

■ 德庆学宫建筑

乡绅 我国古代社会一种特有的阶层，主要由科举及第未仕或落第士子、当地较有文化的中小地主、退休回乡或长期赋闲居乡养病的中小官吏、宗族元老等一批在乡村社会有影响的人物构成。他们近似于官而异于官，近似于民又在民之上。

极宫故址。1043，时任知州事的李仲求看到孔子庙被风雨侵蚀，已不成样子，就集资重修了孔子庙。

到了南宋1131年的十一月，宋高宗将康州诏升为府，名德庆府，孔子庙因而改称为德庆府孔子庙。1196年，知府事赵师瑟置书籍学田，形成了德庆学宫。之后在淳佑年间，知府事陈宿和冯光递曾多次增置书籍学田，学宫的规模进一步扩大。

元代大德年间的1297年，教授林舜咨重建大成殿、两庑、殿后建尊经阁，下为议道堂。

明代洪武年间，明太祖朱元璋诏令改为州学，修殿前庑，建重门及云章阁、塑宣圣、四配、十哲像。1441年，知州周冕复塑两庑先贤像，明代弘治时期的知州王淮重建尊经阁，列号舍于学东。明嘉靖时期，知州吴汝新重建殿前庑，改砌泮池。

此后，历代在这里任职的知州和地方乡绅都多次对德阳学宫进行修葺和扩建，形成现在的规模。

德庆学宫形制甚备，形成的格局分东、中、西二路，其建筑规模极为宏伟。德庆学宫原有建筑群占地3900多平方米，坐北向南，由石栏、棂星门、泮池、大成门、杏坛、东西庑、大成殿、名宦乡贤祠、崇圣殿、尊经阁和尊圣义祠等组成，是一组庄严、雄伟的古代建筑群。

崇圣殿是学宫敬奉孔子及先贤的场所，据清代光绪年间颁行的《德庆州志》中的《典礼篇》记载，先师以岁春秋仲月上丁行释奠礼。主祭、视割牲、省斋、盛、纠仪、司祝、司香、司帛、司爵、司馔、司赞、通赞、引班，所用人等与祭社稷坛同，在城文武与祭亦同。祭祀活动的所有典礼仪式，均遵照朝廷部颁的礼仪标准举行。

大成殿是德庆学宫的主体建筑，大成殿的设计者

125

遍地儒学

广东学宫

■德庆学宫大成殿

■ 德庆学宫建筑

檐柱 建筑物檐下最外一列支撑屋檐的柱子，也叫外柱。用以支撑屋面出檐的柱子称为擎檐柱。多用于重檐或重檐带平座的建筑物上，用来支撑挑出较长的屋檐及角梁翼角等。擎檐柱与其他联络构件枋、檐柱、华板、栏杆等结合在一起兼有装修的作用。

独辟蹊径，打破了传统厅堂那种"八柱撑空"的木梁架结构，转而采用"四柱不顶"的独特形式以满足建筑物防灾的要求，与广西容县"四柱不地"的真武阁，一东一西，一文一武，一天一地，遥遥相对，被称之为我国南方古代木构建筑的"一对明珠"。

所谓"四柱不顶"就是在殿梁架不砌上露明藻，左右次间各减了两根内檐柱，明间正中只竖四根不到顶的圆林金柱，柱顶上横架座斗枋，安放四朵类似镏金的斗拱，以承托压槽枋和井口天花板，天花板上再立圆柱以支撑正梁，在山墙上和前后檐柱的柱头上，承托着下檐的重叠起来的斗拱。

殿身的梁架则用大鹿结构法，这是古代建筑师为使厅堂免受雷击，采用消除被称为"跨步电压"危险的一种独特设计，那4根上不到顶的圆木柱，称作"雷公柱"。从外观艺术看，大成殿气势宏伟，殿面宽阔。加上用高台基、高柱础，前檐用花岗石柱，左、右、后三面围以高墙，使全殿采光良好，光线均匀，又可防洪、防蛀。

大成殿在防洪上采取了有效的建筑技术，加高了殿堂台基，设置了高35厘米的花岗石门槛，前檐用花岗石柱，左、右、后三面围以高墙，采用了花岗石高柱础，尤其是正中四根金柱，石础高达82厘米。

大成殿面阔5间17.36米，进深5间17.53米，建筑面积304平方米。平面几乎是正方形，为宋元古制。殿中减柱4根，只余正中4根木质大金柱。殿前为阔3.22米、深8.7米的月台，围以砖砌栏杆，月台前正中及左右各设踏道，月台前设一砖石砌拜坛，阔6.15米、深4.73米。

大成殿高19.4米，重檐歇山灰瓦顶，坡度平缓，斗拱疏朗，山面有山花板，各施悬鱼一条。大成殿斗种类复杂，计有11种之多。

下檐斗拱梁架保持了宋代风格，柱头和补间铺作均为七铺作单抄三下昂，两根直昂昂尾均长二椽，甚为罕见，其出跳总长居全国唐宋同类斗的首位。上檐前后檐斗，是元代遗构，其采用象鼻子昂的形制，为较早形态，其后流行于清代。

■德庆学宫建筑

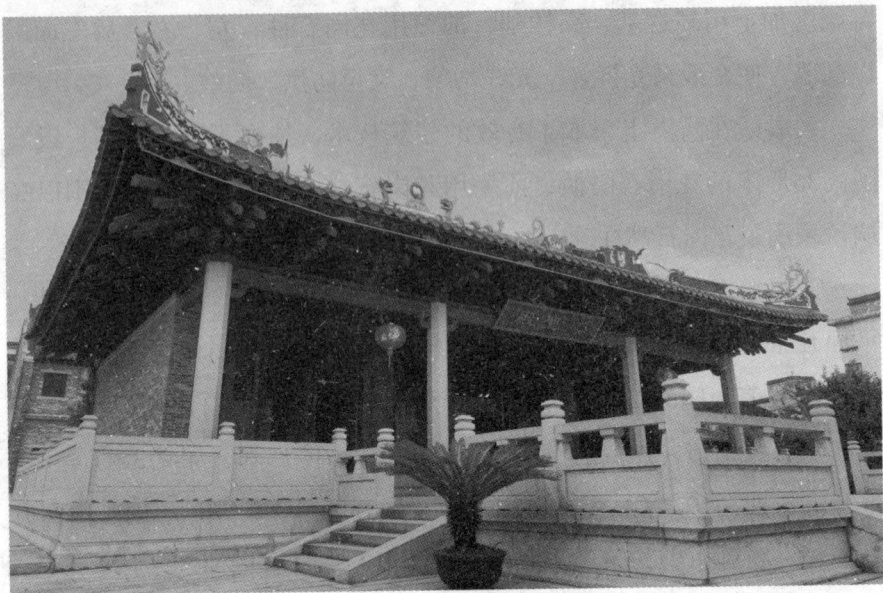

夔 传说中的一条腿的怪物，也被称为夔牛。夔牛是古时代神兽，身上闪耀着光芒，似日光和月光，它的吼声和雷声一样震耳欲聋。后来黄帝得到这种兽，用它的皮制成鼓并用它的骨做槌，敲击鼓，鼓声响彻五百里之外，威慑天下。

大成殿殿身梁架采用大了袱结构法，省去4根重檐金柱和2根八椽，使殿内空间完整开阔，为华南建筑孤例。

大成殿的装修装饰有浓厚的岭南地方特色，殿门上部扇用宫式万字花纹，殿内重檐后金柱间的由额和顺身串间置一花罩，花纹别致。大成殿上檐正脊中央为莲花宝杯及光环，下垫以夔纹饰块，正脊两端为夔脊饰，靠内侧两边各置一鱼龙。

戗脊为游龙卷草，龙身绕脊出没，形体生动。下檐角脊上端为鱼龙吻，下端为卷草，稍靠上为一虎。正脊和垂脊两边满绘有"三狮会燕""金玉满堂"以及松鹤等彩画。灰瓦顶屋上檐边用红色陶质勾头滴水镶边，下檐用蓝绿色琉璃勾头滴水镶边。

大成殿外，正面通花门，重檐歇山墙，屋顶坡度缓，上有雕饰物，正中红日起，两边鲤翘首。两对雕龙各据一方，昂首天外。这些艺术造型，反映了兴建成孔庙的宗旨，那就是：

圣人之道，如日中天。鲤跃龙门，聿开文运。

除此之外，德庆学宫的宫殿式三路建筑群气势雄伟，又以大成殿最为雄壮，为重檐灰瓦歇山顶，平面呈正方形，面宽进深各五开间。殿前的大成门及左右两边的东西庑，绕成正方形宫殿院落，使大成殿显得恢宏而庄严，雄伟而辉煌。德庆学宫还积淀着深厚的孔文化，经历千年，愈来愈浓厚。

德庆学宫大成殿，无论外部造型还是内部结构，都有很高的建筑艺术，是古代典型的岭南建筑，是不可多得的建筑佳品，因此受到我国古建筑学家的高度评价，认为这座大成殿是祖国科学文化的结晶，在当时处于建筑的领先地位。有的古建筑学称之为"凝固的历史，无声的音乐"，还有人将之称为"古建瑰宝"。

阅读链接

在德庆学宫的附近，有一个龙母祖庙，是供奉龙母娘娘的庙宇。龙母姓温、秦时人。自小能预知祸福，且乐善好助，人称神女。传说一天，温氏在西江边濯洗时偶拾到一大卵，孵出五只小动物，能为温氏捕鱼。长大后五物竟变成头角峥嵘、身皆鳞甲的五条真龙。温氏让他们施云播雨，保境安民。人们便称温氏为龙母。

后来，龙母仙逝，五龙悲痛欲绝，化作五秀才，将龙母葬于北岸的珠山下。后人感于五龙的孝心，就此建庙，名曰"孝通庙"，后改为"龙母祖庙"。

历代人才辈出的番禺学宫

　　那是在我国南宋时期的1241年，朝廷为了获得更多的人才，将一些通过童试的童生集中录取后入更高一级的学校读书，以备参加更高水平的考试，这样就促成了县学的产生。当时的南宋皇帝宋理宗赵昀为了应对这种情况，下令建造县学，番禺县随之兴建起了番禺县学。

　　明代洪武年间的1370年，番禺知县吴忠、训导李昕在被毁番禺县

番禺学宫

■ 番禺学宫内

学遗址的基础上建起了一座学宫。后世历代多有重建和修葺，在清代乾隆年间重修之后形成后世的规模。

番禺学宫阔三进，深五进，规模宏大，大门是花岗岩石雕琢的棂星门，正面有大成殿、崇圣殿、尊经阁。左侧有铺、土地寺、科痒、儒学署、明伦堂、光霁堂、八桂儒林、园、廊、名宦寺。右侧有铺、节孝寺、训导署、忠义孝弟寺、射圃、乡贤寺、廊等。

戟门后有池畔一口，中建石桥，再进内是大成门，两旁是更衣所及东庑西庑。各种殿堂组成红墙黄琉璃瓦的建筑群，但是可惜的是，左右两路除左侧尚存明伦堂、光霁堂外大部分建筑已毁。

中路建筑尚存棂星门、泮池拱桥、大成门、大成殿、崇圣殿，以及东西廊庑，东斋东墙上镶嵌有《番禺府县新生印金章程碑记》等6块碑刻，剩余占地面积5425平方米，主体建筑大成殿规模较大，面阔五间

赵昀（1205年—1264年），南宋皇室宗亲，赵匡胤之子赵德昭的九世孙。原名赵与莒，1222年被立为宁宗弟沂王嗣子，赐名贵诚，1224年立为宁宗皇子，赐名昀。宋宁宗驾崩后，赵昀继位，成为宋朝第十四位皇帝，在位40年，享年60岁。

■番禺学宫明伦堂

24.72米，进深14.22米，高12.62米，为木质结构。

　　番禺学宫流传到后世，被保存完好的建筑，包括中路的棂星门、泮池拱桥、大成门、大成殿、崇圣殿以及右侧的明伦堂。一进门，先看到的就是合为一个半圆形的两方泮池，一架石拱桥从中间穿过。睡莲开出小朵的花，鱼儿在浅浅的泮池水中流连。

　　据《礼记》记载，西周天子谓学宫为"辟雍"，诸侯建的学宫谓之"泮宫"，泮即半，意为半于天子之宫。后人仿此制，建学校必设一个泮池。生员入学时都要绕泮池走一圈，因此也叫"入泮"。

　　经过入泮仪式后，新生正式入学。刚入学的新生称附学生员，经过学习和考课，成绩优等的可逐为增广生员、廪膳生员。各县学程序一样，但规模不同，生员名额不等。根据各学人文多寡，分大、中、小学取进生员。番禺学宫为大学，取生员40名。

　　走过拱桥，迎面而来的就是古雅庄丽的大成门，上书"番禺学宫"4个大字。四方端严的建筑、漂亮的瓦楞和飞檐，显得大气磅礴。

　　过了大成门，进入一个幽静的院落当中。正面是祭祀孔子的主殿

大成殿，东西两侧的厢房叫作"两庑"，当年是祭奠
孔子的弟子和历代名儒用的。大成殿是学员上课的场
所，两庑则作为学员的宿舍使用。

大成殿内早先供奉有孔子像以及孔子的牌位神
龛，后来大殿被辟为展室，展览当年课堂的内容。绕
过大成殿向后走，则是崇圣殿。

崇圣殿是供奉孔子先世五代的地方，从清雍正元
年开始，追封孔子先世五代合祀崇圣殿，各省府县不
再另立祠。

崇圣殿前的院子里长了几棵古老的参天大树，一
棵175年树龄的木棉，一棵155年的龙眼，都枝干虬
劲、叶茂根深。想到这些树木曾经目睹了多少人世的
变乱，目睹一批又一批不同面目的人来来往往，秀
才、军人、学生、伤兵等，不由
令人感叹。

从番禺学宫的布置不难看
出，学宫是以祭孔为主的。孔庙
的设计占据了学宫最中心的部
分，而教学却是在一侧的明伦
堂。过了泮桥右拐，再过小门就
是明伦堂。明伦堂是当年生员上
课的地方，堂前立着"文武官员
至此下马"的石碑。

当年新入学的生员拜祭完孔
子，都要到明伦堂来拜见老师，
以后就在此上课。后来，人们在

生员 唐代国学及
州、县学规定学
生员额，因称生
员。明清时期指
经本省各级考试
入府、州、县学
者，通名生员，
习称秀才，亦称
诸生，也称之为
贡生、监生。生
员常受本地教官
及学政监督考
核。生员的名目
分廪膳生、增广
生、附生。

■番禺学宫明伦堂内
的编钟

编钟 我国古代大型打击乐器。兴起于西周，盛于春秋战国直至秦汉。我国是制造和使用乐钟最早的国家，它用青铜铸成，由大小不同的扁圆钟按照音调高低的次序排列起来，悬挂在一个巨大的钟架上，能发出不同的乐音，因为每个钟的音调不同，按照音谱敲打，可以演奏出美妙的乐曲。

明伦堂的堂上重立了孔子像，像前放着祭器、礼器，两侧还有编钟。堂前的院落狭长，铺着石板，两侧还有长廊。

明伦堂的背后就是光霁堂，是当年生员读经"明伦"的地方。"明伦"就是教人明白伦理道德。只有顺利通过县试、府试、院试三道考试而取得生员资格的人才可以进读学宫。新生入学必填写亲供，注明新生年龄、籍贯，三代履历，写明自己身材、脸的肤色，有胡子或没有胡子等特征，以防假冒。

再由"县考录册，送知府，府以其录取者册送学政"。学政便在大堂召集新生行簪花礼，发给花红。再把新生名单分发到府、县各学宫。入府学的叫府学生员，入县学的叫县学生员。番禺学宫的生员属县学生员。

在我国古代，读书人只有顺利通过县试、府试、

■ 番禺学宫里的孔子雕塑

■番禺学宫建筑

院试三道考试，成为秀才，取得生员资格之后才能进读学宫。入学之初都要到学宫完成一个仪式，其中重要的一步就是要游泮池，因此入学也叫"入泮"或"游泮"，又规定凡考取秀才满60年的必重游泮池。清末的探花商衍鎏曾经在自己的回忆录中写到当年参与的入泮仪式。

1890年，17岁的商衍鎏顺利通过了最后一道考试，也就是院试，以第十名的好成绩进入学宫就读。各县接到学政下发的新生名单，俗称"红案"。之后，立即通知新生在某日到官署大堂汇集，之后到各学宫入泮。

入泮这天，商衍鎏和其他新进的生员穿的都是蓝袍、缎靴，戴红缨帽金顶，簪花披红，乘轿来到学政衙门。在大堂谒见学政之后，一群新进生员，就分别

府试　明清两代科举考试程序中童试中的一关。通过县试后的考生有资格参加府试。府试在管辖本县的府进行，由知府主持。参加府试，报名、保结，与考试的场次、内容同县试差不多，但保结的廪生要多一名。府试通过后就可参加院试。

番禺学宫石刻

到各府各县的学宫去。

来到学宫，商衍鎏等人在门外下轿，过棂星门。然后在学政官员的带领下环绕泮池一圈，这就是"游泮"。之后就到大成殿祭孔，在写着"大成至圣先师孔子"的孔夫子神龛牌位前行三跪九叩礼。祭毕后又到明伦堂序立，向等候在此的老师行一跪四叩礼。

礼毕，各人乘轿回家。到家后，商衍鎏行谒祖礼，并拜见自己的尊长，尊长给红封利市一包。之后他又出家门，去拜见从前授业的老师。至亲、父执辈都登门一一叩头。当天家里还设宴数席来款待亲友，到晚才客散。商衍鎏回忆，这一天下来，因为叩头太多，导致两腿酸痛，疲惫不堪。

学宫最重要的功能其实是祭祀孔子，因此学宫也叫孔庙和文庙，是供奉孔子、孔子先世五代、孔子弟子、历代名儒的地方，每年二月和八月的上丁卯日是祭孔的日子。

祭祀前两天，参祭官穿着官服到孔庙上香并监视牲畜宰杀情况。祭祀当日，承祭祀官在赞引官引导下举行三跪九叩礼。

先拜祭先师孔子，摆在先师祭桌的祭品有帛一包，牛、羊、猪个一头，铏一，簠二，簋二，笾十，豆十，镈一，白磁爵三，炉一，镫一。然后从东阶进入大成殿左门，到至圣先师孔子位前，"至案而立"，举行一跪一叩头礼。

祭祀完孔子后，接着便是祭四配。四配位前陈设帛四，豕一，牛一，铏一，簠二，簋二，笾十，豆十，镈一，白磁爵三，炉一，镫一。四配拜祭的顺序是：先祭复圣颜子、再祭宗圣曾子、述圣子思子、圣亚孟子。

祭拜礼仪都一样，在赞引官引导下，承祭官行一跪一叩头礼，再行奠帛、献爵礼。祭毕四配，是祭十二哲和两庑牌位。崇圣殿是祭祀孔子先世五代的地方，在每年仲月的上丁日致祭。

番禺学宫的生员有文武之分，西路建筑的射圃是武生员习武之所。武生员照例属教官管理，除骑射外，教以儒家经典及《孝经》等，俾知大义。提调仍将学射圃修葺，置备弓矢，教官率武生较射。

文生员课程有《御纂经解》《性理》《诗经》《古

商衍鎏（1875年—1963年），字藻亭，号又章、冕臣，晚号康乐老人，广东番禺人，我国著名学者、书法家。清代科举时自报籍贯属汉军正白旗人。1894年甲午科举人，1904年为清代最后一次科举考试，商衍鎏得殿试第一甲第三名，成为清末科探花。

■ 番禺学宫科举考试蜡像

■番禺学宫

文诗》、及"十二经""二十四史""三通"等。生员有月考和季考，主要考四书和策论。月考或季考后第二天，生员聚明伦堂听老师讲诵政府颁布的《卧碑》及训饬士子文，谓之月课。

《卧碑》是士子必须遵照的规则。清顺治时期，礼部奉旨规定8条规则，刻立于学宫，谓之《卧碑》，令士子文。

月课对生员来讲很重要，生员除生病、外游、守孝等特殊原因外，不上课3次的给予警告，终年无故不上课的即开除秀才资格。

对生员而言，最重要的是岁考和科考。岁考和科考都由皇上钦派的学政主持。《番禺县志》记载：

> 岁科取其最优者。食饩于官，曰廪膳生员，番禺县学额二十名，次优等别于附学曰增广生员，如廪膳生员之数。

列三等的无升无降，四等的责打，五等的降一级，六等的除名。科考是选送生员参加乡试进行的资格考试。成绩大致分三等，列一、二等及三等前茅者便可以参加乡试。

武生员只有岁考没有科考，生员除通过科考上升参加乡试中举人，再参加会试中贡士、殿试中进士外，还可以凭自己优秀的成绩被选送到国子监读书。

实行科举的年代，在学宫就读的生员，主要的出路就是参加科举考试之后走上仕途。一种是参加乡试中举人、进士。另一种是通过贡举成贡生入读国子监，肄业再酌情授官。

明清两代番禺学宫生员中举人的有1400多人，被授予县官、学宫教官等职，含进士入仕者有900多人，出仕率百分之六十左右。通过拣选、大挑、截取等途径入仕的有六百多人，入仕率百分之四十左右。

清代，广东先后出现过3位状元，分别是清乾隆时的庄有恭、清嘉庆时的林召堂、清同治时的梁耀枢，而庄有恭的政治建树最大。庄有恭曾历任光禄寺卿、内阁学士、兵部右侍郎、户部侍郎、江苏巡抚等清廷重要职务，多次受到乾隆皇帝嘉奖。

阅读链接

广东高州城西南鉴江河畔，有一个古代的渡口，叫作南桥头，对岸有一座古塔，直刺青天，四周树影婆娑，江水明净如镜，风光十分绮丽。

清代的一天，当时还没有中状元的吴川县才子林召堂经过这里，要船夫撑他过河。那个船夫一看见他是林召堂，便对他说："早闻得公子一肚文才，我有一个上联，公子若对通了，我就撑你过去。"林召堂说："这还不容易，请把上联道来！"老船夫出句道："南桥头二渡如梭，横织江中锦绣。"林召堂对曰："西岸尾一塔似笔，直写天上文章。"由于对得很巧妙，船夫于是撑他过河了。

尊儒重教的五华长乐学宫

　　西汉初年，南越国的赵佗归汉后，担任西汉王朝的广东龙川县令。公元前195年，赵佗有一次率狩猎队伍行到五华山下，恰巧汉高祖刘邦派陆贾奉旨封赵佗为南越王。赵佗为了朝拜汉室及受封南越王，遂筑台于五华山下，名为长乐台。

南越王赵佗塑像

■广东地区的学堂

广东是客家人聚居的地方，长乐台因为客家人口繁衍逐渐增多，在北宋于1071年间置县时，因县治所在而取名为长乐县。到了明代成化年间的1469年，长乐知县黄瑜在五华县华城十字街始建长乐学宫。

长乐学宫自明代建成以后，多次重修，清同治时重建后长乐学宫，其建筑物按古代传统风格，排列在中轴线上，左右对称，规模宏大。

长乐学宫为古代传统风格的宫殿式建筑，坐北向南，左右两厢对称，规模宏伟。设有照墙、棂星门、泮池、戟门、大成殿、明伦堂、崇圣殿、东庑、西庑等。是当地规模最大的学宫。

大成殿是长乐学宫的主体建筑，这里是祭祀我国伟大思想家、教育家孔子的地方，面阔5间，24.4米，进深6间，20米，殿高10米。

大成殿前设月台，殿内由24条八角梅花石柱擎撑梁架，柱础为8瓣形须弥座式，斗拱雕花，重叠出跳，重檐歇山瓦顶，殿顶有辉煌耀眼的黄色和孔雀蓝琉璃瓦，殿脊有双龙戏珠图案，是结构紧凑、布局合

赵佗（约前240年—前137年），秦代著名将领，南越国创建者。西汉王朝建立后，赵佗于公元前195年被汉文帝刘恒封为南越王。赵佗在秦汉时共参与治理岭南81年，促进了汉越民族的融合，并把中原地区的先进文化带到了南越之地，使南越得到更好的发展。在越南陈朝时，追封他为开天体道圣武神哲皇帝。

■ 广东地区学堂内的
夫子像

客家 是我国南
方广东、江西、
福建、广西、台
湾等本地族群的
主要组成部分，
也是世界上分布
范围广阔、影响
较深远的汉族民
系。始于秦征岭
南融百越时期。
客家文化既继承
了古代正统汉族
文化，又融合了
南方土著文化，
有古汉文化活化
石之誉，客家语
言是古汉语的活
化石。

理、工艺精巧的完美建筑。

大成殿的正堂有案龛，龛上设孔子神位，上写"至圣先师孔子尊神位"，所以旧时长乐学宫又称孔庙。古时每年农历二十七为祭孔日，县城的县官必亲自带领在职官员以及文人学士，集中于学宫大成殿拜祭"至圣"先师，以示重知识、遵礼义之范举。

在当时，拜祭"至圣"孔子，要行"三跪九叩三献"礼，有笙笛伴奏，要读祭文，主要是歌颂伟大思想家、教育家孔子的伟德，激励后人好学奋进。体现了客家人崇儒重教的道德风范。

除此之外，"至圣"孔子神位亦"请"出安设于各学校厅堂。每逢开学时节，学子必携香烛，先行叩拜孔圣，然后才去注册缴费上课，由此也可知读书人对孔子的崇拜与敬仰程度。

大成殿后本有宽敞的明伦堂和崇圣殿，唯此两堂殿已毁，不复存在。长乐学宫结构严谨，气宇轩昂，几历沧桑，仍不减当年秀色。

后来，长乐学宫改为主要以儒学文化、五华历史和科举时期五华取得功名的人物等介绍，展示客家人的崇儒重教精神。在西庑的展厅里，有客家武状元李威光的塑像和他勤学故事，李威光文武双全，是客家人的骄傲。

李威光是广东五华县即今长乐县华城镇黄埔村人，他的父亲李资始对他从小管教非常严格，尽量让他学书习武，其母是一个才思敏捷性格开朗的农村妇女。李威光自小受家教熏陶养成自爱、自奋、自强的品格。

五华城乡盛行武术。李威光在崇文尚武的客家精神影响下，在年少时便投馆拜师学习武艺。由于他天资聪颖勤学苦练一招一式一拳一脚扎扎实实，不几年时间，刀、枪、棍、棒、骑射皆能武艺出众。

1750年，16岁的李威光适逢开科县试，便前赴考场，结果名列前茅，入选武生。这更坚定了李威光矢志武道的决心。

李威光的父母也很支持，为他聘请了武艺高强的师傅在家里授艺。他不怕辛苦，勤学苦练，十年寒暑之后，武艺精湛，在周围乡村中颇有名气。

1760年，李威光赴省参加庚辰科乡试，金榜题名，高中武举。此后，他习武不辍，志攀高峰，他常穿着自制四五十斤的石鞋以练腿力，朝夕抱举三四百斤练武石以练臂力。

勤奋不负有心人，李威光的武艺达到了炉火纯青的境

农历 俗称为阴历，又称夏历、汉历，是我国长期采用的一种传统历法，它以朔望的周期来定月，用置闰的办法使年平均长度接近太阳回归年，因这种历法安排了二十四节气以指导农业生产活动，因此称之为农历。农历是我国目前与公历并行使用的一种历法。

■古人赶考图

乾隆看书坐像

界。1772年，李威光束装上京，参加壬辰科会试。他信心满满，坚信自己一定会一举成名。

据说李威光起程那天，刚走出家门槛，不慎踩死一只小毛鸡，起初李威光并不以为意，继续前行。但是没想过木桥时又踩断了桥板，走到山坡狭路处青衫被荆棘撕破。

李威光越想就越觉得不对劲，刚出门就碰上3件不吉利的兆头，很晦气，于是便掉头返回家中向母亲道出不愿赴考的原委。

李威光的母亲是一个善解人忧而又才思敏捷的人，为了消除儿子的疑虑，她出口成章道：

脚踏金鸡殿上行，踏断木桥换石桥。
自古英雄走险道，钩烂青衣换锦袍。

李威光的母亲解开了他的思想疙瘩，鼓励他继续登程赴考。京城会试，可谓群雄荟萃，相互角逐，竞争激烈，但李威光以超群的武艺脱颖而出，荣获第一。

这一天，乾隆皇帝亲躬殿试，但李威光却不知险情将至。原来，有人事先把比武石和李威光的刀涂上蜂蜡，让他当场出丑。殿试时，李威光举起武石，开始时潇洒自如，不料突然石滑脱手。李威光急中生智，用尽力气将武石猛踢一脚，武石翻滚落地，人也安然无恙。

接着李威光开始舞刀，但见银光闪闪，令人眼花缭乱。突然，李威光握刀的左手滑脱，他用紧握刀柄的右手顺势原地旋转，横刀下按，化解了险式。

乾隆皇帝看罢不解，便问这是何武艺。李威光急中生智奏曰：

> 武石滚动乃"狮子滚球"之义，关刀释手属"捺地割葱"，这些技艺是寒门传家之宝。

李威光的这番话语惊四座，顿时博得龙颜大悦，当即钦点他为该科状元，同时御赐"状元及第"金匾一块。李威光便成为当时客家人唯一的武状元，为客家人增了光。

在客家人崇文重教之风的影响下，五华地区人才辈出。长乐学宫展出的资料显示，包括李威光在内，从宋代至清代，五华县先后有文武进士24名，文武举人203名，贡生609名，七品以上官员227名。

这种重学之风一直延续着，长乐学宫旁的华城镇城镇村，是闻名的"秀才村"。客家人崇儒重教、崇尚习武，代代相传，已成习俗。

阅读链接

曾琼琲是长乐学宫声名显赫的一位武举人，在民间，曾榜眼还有当考官拒贿选贤的美谈。

据说有一回曾琼琲身任选拔武生的考官。开考前夕，开封府巨贾马百万的老管家到曾琼琲的住所送钱说情，把一大包银子递来，并说事成后还有重谢。曾琼琲严斥道："考官之责，应是量才选拔，我曾某不昧心做事，卖官鬻爵，中饱私囊，此银子拿回去吧，并转告你主人，令公子能不能中，就看他的本事，若令公子本事大，不必花上分文。"第二天，曾琼琲秉公选拔，见马公子确实武艺不凡，于是还是让其名列金榜，是为官之人学习的榜样。

具有岭南风格的罗定学宫

　　那是在我国的清代初期的1647年，顺治皇帝下令在罗定直隶州建造一所学宫，这就是罗定学宫。此学宫后来经过从康熙至光绪年间的多次扩建，占地8300多平方米，形成规模。

　　在我国古时候，州县设立的学宫和文庙，一般按照"左庙右学"

■罗定学宫棂星门

■罗定学宫大成门

的形式来布局，以左为尊，文庙的建筑按中轴对称的形式来排列。这种布局也体现在罗定学宫的建筑中。

罗定学宫前为照壁，次为棂星门，再次泮池，再次大成殿，组成院落，最后是崇圣祠，其他建筑则相应排列于轴线两边，俨然一座完整的宫殿，所谓学宫的含义即如此。

罗定学宫具有鲜明的岭南建筑风格，如大成门左侧的名宦祠和明伦堂、右侧的乡贤祠都是岭南硬山顶厅堂式建筑。学宫的砖木结构结合巧妙，简洁明了，善用当地材料，其中凹心砖的砌筑很独特。

凹心砖为南江流域首创，自明代中后期开始流行。砖体分阴阳面，砖身轻，用这种砖砌出的墙体稳固性好、能隔音隔热。大成殿前露台正对御路的石阶前有一块雕龙丹墀，上有雕刻十分精致的"云龙"图案，所用石料是当地的红砂岩石。

阴阳 源自古代中国人民的自然观。古人观察到自然界中各种对立又相联的大自然现象，如天地、日月、昼夜、寒暑、男女、上下等，以哲学的思想方式，归纳出"阴阳"的概念。早至春秋时代的易传以及老子的《道德经》都有提到阴阳。阴阳理论已经渗透到中国传统文化的方方面面，包括宗教，哲学，历法，中医，书法，建筑堪舆，占卜等。

瑞兽 是原始人群体的亲属、祖先、保护神的一种图腾崇拜，是人类历史上最早的一种文化现象。它们从远古时代一直沿存至今。我国古代有四大瑞兽，分别是东方青龙、南方朱雀、西方白虎、北方玄武，另外，麒麟也是我国古代的一种瑞兽。

罗定学宫体现了的粤西建筑风格，朴素、轻巧、实用。整体布局严谨，遵守传统形制，细部装修和装饰又有创新，铺地、砖柱、斗拱等做法都很有特色。

棂星门是罗定学宫的大门，为花岗岩四柱的石牌坊，高台阶，四柱高大，石鼓夹抱，石柱顶雕瑞兽。罗定学宫棂星门在岭南地区是最高的，达7.64米，成为学宫的突出标志。

在罗定学宫10千米之外的石牛山上有一座文峰塔，将棂星门修得如此之高，是为了吸取文峰塔的灵气。如果遇到天晴日朗时，从大成殿前的露台朝南远远望去，透过棂星门上沿可隐约看到文峰古塔。

罗定学宫的大成门也叫戟门，它与名宦祠、乡贤祠、明伦堂和忠节孝祠连在一起，这也是岭南众多学宫所共有的现象。名宦祠和乡贤祠的设立，是地方学宫与曲阜孔庙的不同之处。

■罗定学宫大成殿

■ 罗定学宫的明伦堂

大成门东侧是名宦祠，用以安放曾在罗定为官、政绩卓著、受民敬重的官宦牌位。西侧是乡贤祠，用以安放罗定州中取得功名、受民敬重的乡贤牌位。

大成殿是学宫中最主要的建筑，也是祭祀孔子大成至圣先师的地方。"大成"一词出于孟子所说："孔子之谓集大成"一语。

自北宋徽宗"诏文宣殿曰大成"，确定文庙大成殿的正式名称后，普天之下各地的文庙主殿，通称为"大成殿"，其建筑等级是文庙中和地方上所有建筑中最高等级的，享有官家的礼仪待遇，一般都是重檐歇山顶、黄色琉璃瓦、红柱红墙、雕龙画凤。

罗定学宫的大成殿与岭南地区大部分学宫一样，虽是重檐歇山顶式，但并非密闭封顶，而是通透的，这主要考虑南方的天气原因。北方冬季较长，空气干

孟子（约前372年—约前289年），名轲，字子舆，东周邹国人，有人认为邹国是鲁国的附属国，也有人说孟子是鲁国人。东周战国时期伟大的思想家、教育家、政治家、文学家、散文家。儒家学派的主要代表人物之一。在政治上主张法先王、行仁政；在学说上推崇孔子，反对杨朱、墨翟。

■ 罗定学宫内廊道

玉玺 始出于周，当时有玺和印之分，皇帝用的印叫玺，而臣民所用只能称为印。玉玺从秦代以后，皇帝的印章专用名称为"玺"，又专以玉质，称为"玉玺"，共有六方，为"皇帝之玺""皇帝行玺""皇帝信玺""天子之玺""天子行玺""天子信玺"。"传国玉玺"不在这6方之内。

燥，因而北方大殿顶重檐密闭，有利保温保湿，冬暖夏凉。南方多雨水，气候较湿润，高温天气多，如果殿堂是密闭式的，殿内势必既热且湿。

罗定学宫大成殿的殿顶，从殿内望去如两把重叠在一起的雨伞，两层屋檐间隔有1米多高，四周通透，站在殿内可看到大殿周围的景致，风从四面吹进殿内，但雨水却飘不进来。

这种巧妙的设计，有利于通风透光，透气除湿。尤其是酷暑天气，殿内清风徐来，倍觉凉爽，这也是岭南地区学宫建筑因地制宜设计建造的范例。

这种通透的设计，从外观上看，庄重而不失灵巧。如果从高处俯视，大成殿呈正方形，四四方方，好似一枚传国玉玺，设计者寓意为"学而优则仕"。同时，大殿重檐顶的正脊灰塑两条金龙相对，戏耍葫芦，因葫芦与福禄谐音，故此景叫"双龙捧福禄"。这种脊塑，也是岭南地区所特有的。

在大成殿内，最让人瞩目的当属孔圣人像，这座孔圣人像高2.56米，历时两年雕成。当时在大成殿修葺后，罗定县令就派人四处苦寻适合雕刻学宫孔子像的木料，但是一直都没有找到合适的。

忽然一天，有人在新兴县的河床发现了一棵千年古樟木。此木有三奇：一是奇迹，据一些有经验的老人讲，这棵树至少已经活了2500多年了，与孔子同时代，埋藏地下千年却没有一丝腐烂；二是奇香，这可古树历经漫长岁月仍能散发出缕缕清香；三是奇缘，几经寻觅，偶得于佛教圣地禅宗六祖的故乡新兴县。

该古樟木直径达2米，被人工截成三段后运到罗定学宫，其中一段长2.57米，非常适宜作孔子雕像的木料。

孔子像雕成后，正立于大成殿中央。只见圣像浑然一体，润泽光亮，神态自然，服饰纹路清晰优美。点睛之后，更觉孔子目光如炬，充满睿智，凡到学宫的人都赞叹不已。

樟木又名香樟，被当地人称为"神木"，木质呈黄褐色，纹理顺直，可防虫蛀，具有樟脑般的气味。据说因为樟树木材上有许多纹路，像是大有文章的意思，所以古人就在"章"字旁加一个木字为树命名。孔子被尊为"文圣"，樟木自然也成为雕刻孔子像的理想材料，以至于罗定学宫为此已寻觅数年之久。

大成殿外檐雕花的檐口板上正中，雕有一副书卷形额联，正中书

■大成殿内的孔子像

罗定学宫内古树

"天开文运"，右边为"植纲常名教"，左边为"造械朴菁莪"。

联中的"纲常"是指三纲五常，"械朴"是古籍《诗经·大雅》中的篇名，多以喻贤才众多，"菁莪"出自《诗经·小雅》，指育才。这幅帖联的意思是说：孔子创立的儒学，制订了社会道德规范，培育众多的贤才。大成殿檐口的额帖，各地文庙均不相同，罗定学宫的额帖尤为构思独特。

除此之外，在学宫里还有一棵古凤凰树，周围的花开得特别多，花朵特别红，花期早且长，特别漂亮。

罗定学宫是目前广东两江流域仅存的形制最完整、规模最大、保存古建筑物最多的学宫。

阅读链接

相传罗定学宫在为孔子雕像的时候，发现樟木各部分尺寸竟与孔子像的基本造型十分吻合，在雕刻手的造型时，由手部至腹部部分的木料自然剥落，竟然与实际需要丝毫不差，更神奇的是，木料剥落后，在衣袖与身体躯干之间两边各形成一条很深很细的隙，并且顺着躯干的弧度延伸至背部深处。雕刻家说，这两道弧形细缝，用工具是不可能完成的。在完成背部头巾时，由头巾到两肩之间的两块木料也是自然剥落。

后来，人们讲起这段经历的时候还在惊叹：这樟木真是专为孔子而生的！